달달 읽고 **곰곰** 생각하는

달곰한
LITERACY

Reading

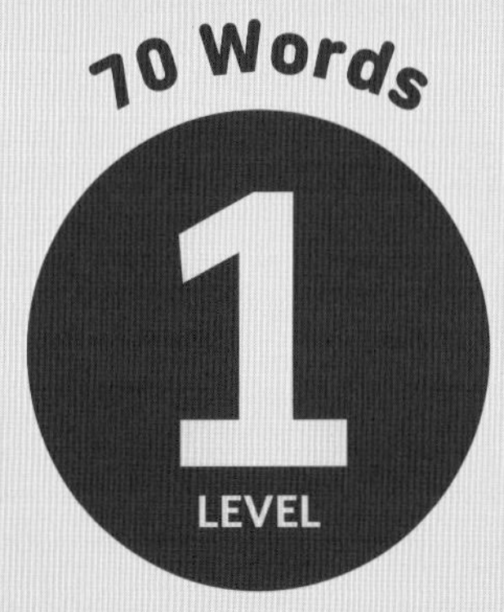

달곰한 LITERACY Reading 을 소개합니다.

<달곰한 LITERACY Reading> 시리즈는 **영어 문해력**을 키우기 위해 특별히 설계된 독해 전문서입니다. 독해 교재를 여러 권 풀었는데 독해력도, 문해력도 향상되지 않았던 경험이 있으신가요? 그렇다면 이 교재가 여러분을 위한 해결책이 될 것입니다.

3회독 학습법으로 읽고, 생각하고, 써 보세요.
달달 읽고 곰곰 생각하는 힘! 이제 **<달곰한 LITERACY Reading>**으로 길러 보세요!

60-70 Words
200L-400L

70-80 Words
200L-400L

80-90 Words
300L-500L

90-100 Words
300L-500L

100-110 Words
400L-600L

110-120 Words
400L-600L

달곰한 LITERACY
Reading

영어 독해력, 이대로 괜찮을까요?

독해력과 문해력, 뭐가 다른가요?

문해력

독해력

텍스트의 표면적 의미,
기본 정보 이해

- **텍스트의 심층적 의미 이해**
  - 저자의 의도 파악
  - 감정 및 맥락 이해
  - 글의 구조 분석
  - 정보 평가
- **의사 소통 능력 발달**(말하기 및 쓰기 포함)

영어 문해력, 왜 중요한가요?

학습 능력 향상

비판적 사고와 문제 해결력 강화

창의적 표현과 의사 소통 능력 증진

영어 자료를 더 잘 이해하고 교과서 및 시험 문제를 효과적으로 풀 수 있어 중고등학교 학업 성과를 높일 수 있습니다.

텍스트를 평가하며 비판적으로 사고하는 능력과 정보를 분석하고 문제를 논리적으로 해결하는 능력을 키울 수 있습니다.

창의적인 사고와 명확한 의사 표현이 가능해지며, 다양한 사람과 효과적으로 소통할 수 있는 능력을 키울 수 있습니다.

달곰한 LITERACY만의 3회독 학습법이란?

동일한 글을 세 번 반복해서 읽으면서 깊이 있는 이해를 촉진하는 단계별 학습 방법입니다.

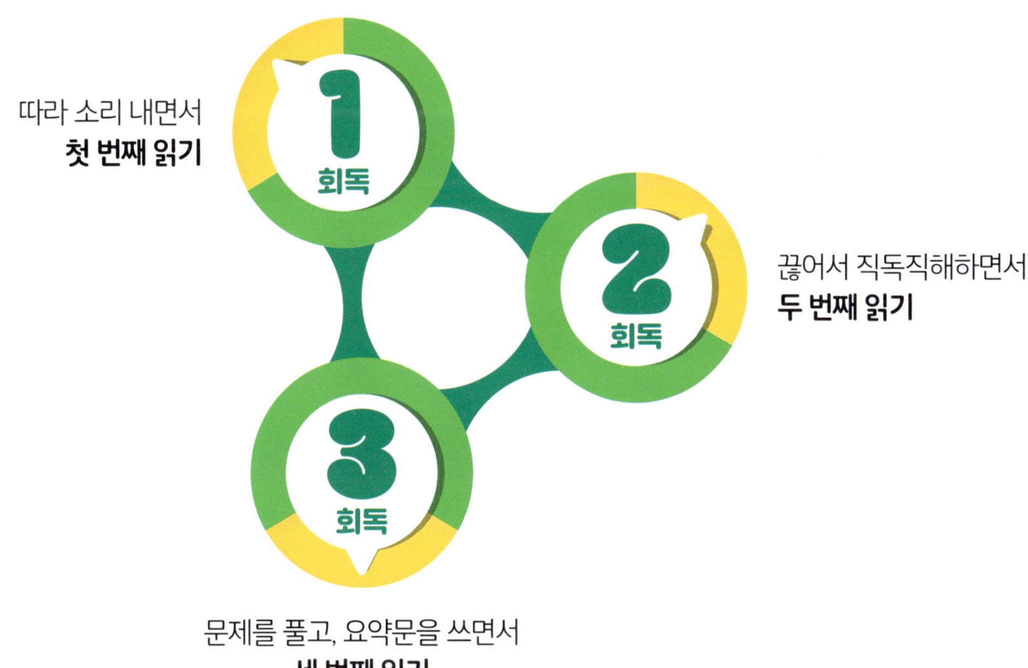

달곰한 LITERACY만의 영어 문해력 특장점은?

- 읽기 전 **배경지식 쌓기** 활동을 통해 글의 이해를 높일 수 있어요.
- **가리키는 말의 의미** 파악하기 활동으로 글의 흐름을 알 수 있어요.
- 정답의 **단서 찾기** 활동으로 세부내용까지 정확하게 이해할 수 있어요.
- **문단별 중심 내용**과 텍스트 도식화 활동으로 글의 구조를 분석할 수 있어요.
- **요약하기** 활동으로 글의 중심 내용을 정리할 수 있어요.

구성 및 활용법

❶ 어휘 익히기

지문을 읽기 전에 QR코드를 통해 지문에 나올 주요 어휘의 원어민 발음을 듣고, 따라 말하며 쓰는 연습을 합니다.

❷ 배경지식 쌓기

지문과 관련된 유용한 배경지식을 통해 지문 이해를 위한 사전 지식을 쌓을 수 있습니다.

❸ 지문 따라 읽기(섀도우 리딩)

원어민의 속도에 맞춰 지문을 읽는 훈련을 통해 읽기 유창성과 자신감을 향상시킬 수 있습니다.

섀도우 리딩 3단계 읽기 훈련법	1단계 한 문장씩 듣고 따라 읽기	2단계 전체 지문 듣고 천천히 따라 읽기	3단계 전체 지문 들으면서 동시에 읽기

❹ 끊어 읽기

문장을 끊어서 차례대로 해석하는 직독직해 연습은 문장별 정확한 이해를 돕고, 영어 어순에 익숙해지도록 합니다.

❺ 가리키는 말 찾기

대명사, 지시어, 그리고 비유적 표현이 가리키는 내용을 분석함으로써 문맥 속 내포된 의미를 파악할 수 있습니다.

❻ 핵심 구문 익히기

지문에 사용된 주요 구문을 학습하여, 문장 구조를 이해하고 정확한 해석이 가능해집니다.

❼ 문단 중심 내용 정리하기

문단 내 핵심어나 주제어, 그리고 중요한 구절을 파악하여, 문단별로 중심 내용을 정리할 수 있습니다.

❽ 독해 문제 풀기

중심 내용, 내용 이해, 추론하기, 적용하기, 어휘 관계 및 표현으로 구성된 다양한 유형의 문제들을 풀어보며 문해력을 점검할 수 있습니다.

❾ 요약하기

문단 중심 내용을 활용해 글 전체를 요약함으로써 지문 전체를 확실하게 이해할 수 있습니다.

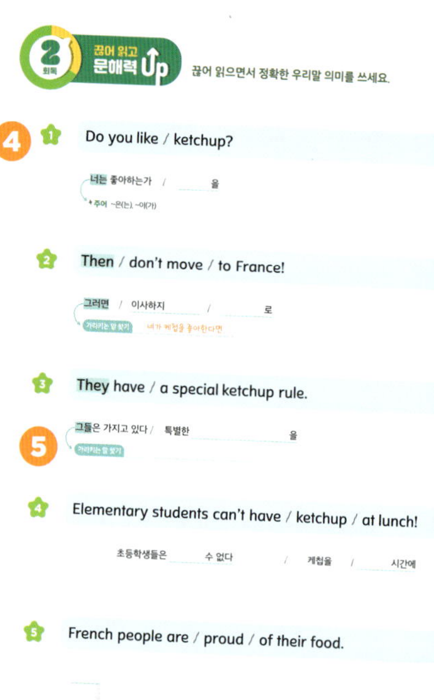

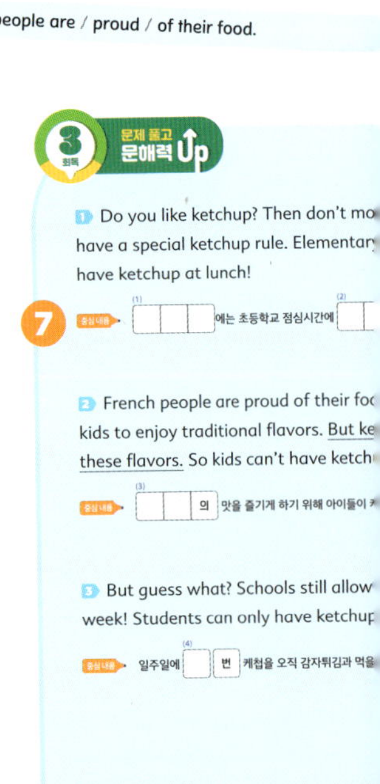

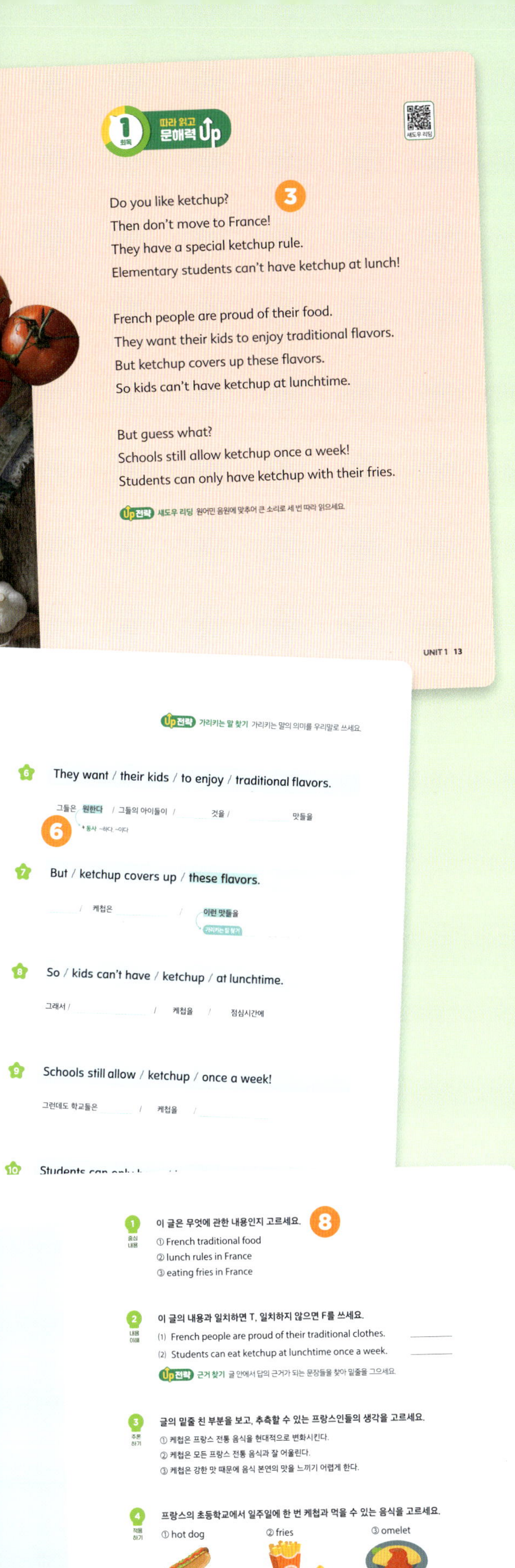

문해력 +Plus

각 Chapter의 마지막 페이지에서는 주제와 관련된 추가 어휘를 배우거나, 자신의 의견이나 경험을 표현하는 활동을 통해 표현력을 기를 수 있습니다.

정답 및 해설

본문 해석, 문장별 직독직해, 정답의 이유를 설명하는 자세한 문제 해설로 구성되어 있습니다.

단어 암기장

단어 암기장과 온라인 단어장을 통해 지문에 나온 모든 어휘와 표현을 효과적으로 암기할 수 있습니다.

▲ 온라인 단어장(NE Waffle)

Workbook 이렇게 활용해 보세요!

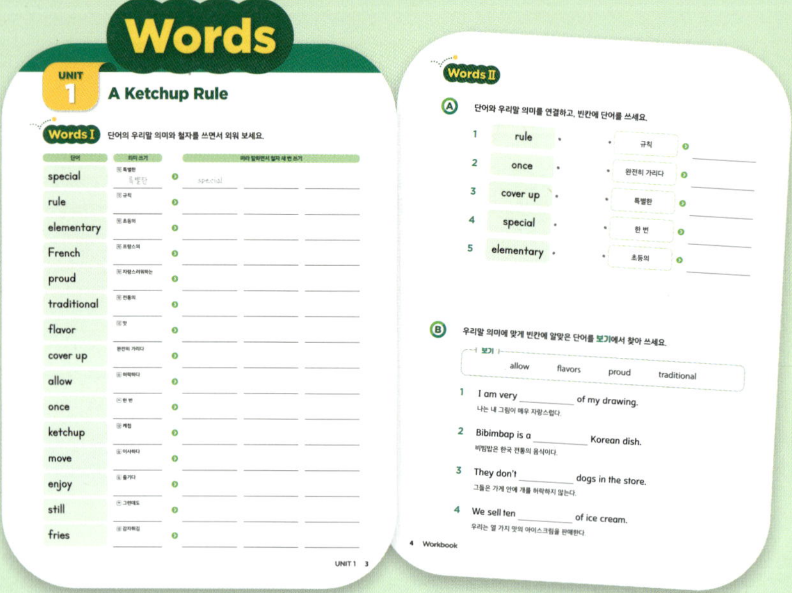

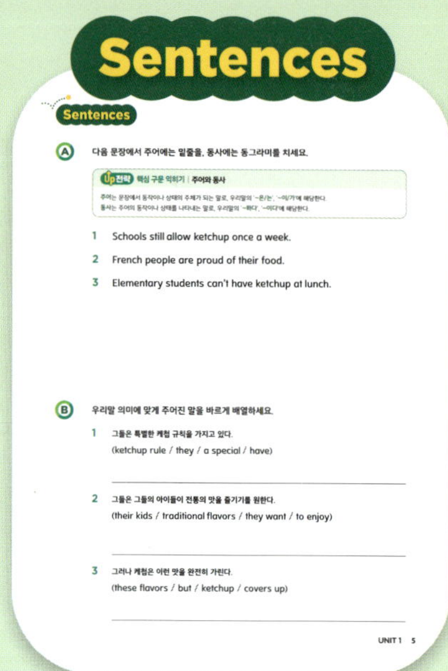

- 지문에 등장하는 주요 어휘와 추가 어휘 및 표현을 복습할 수 있습니다.

- 중등 내신 문제와 유사한 구문 확인 문제와 서술형 문제를 통해 영작 실력을 키울 수 있습니다.

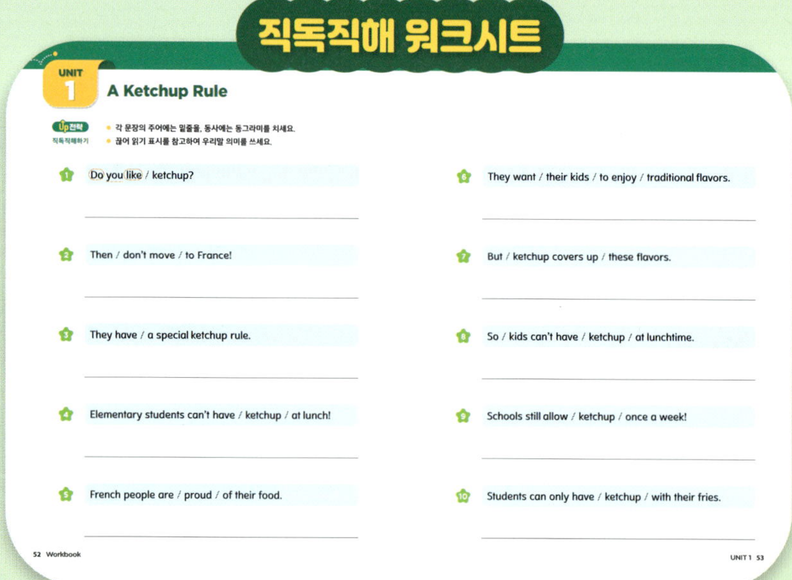

- Graphic Organizer 활동과 요약문 완성하기 추가 활동을 통해 전체 내용을 복습할 수 있습니다.

- 지문의 문장별 직독직해와 주어-동사 찾기 연습을 통해 각 문장을 완벽히 복습할 수 있습니다.

무료 부가 자료 | www.nebooks.co.kr

MP3(어휘, 지문)　Word Test　Mid/Final Test　직독직해 Worksheet　영작 Worksheet　받아쓰기 Worksheet

많은 선생님들이 추천해 주셨어요!

감으로 찍기 이제 그만!

수업 중 원서형 교재로는 학생들의 이해도를 파악하기 어렵다는 점이 난관이었습니다. 그러나 이 교재는 영어 지문을 쉽게 이해할 수 있도록 구성되어 있어, 학생들이 얼마나 내용을 파악했는지 쉽게 확인할 수 있습니다. 이러한 독해 중심의 학습은 학생들이 더욱 효율적으로 공부할 수 있도록 돕는다는 점에서 큰 장점을 가지고 있습니다.

김남희 선생님 와글와글잉글리쉬캠퍼스

읽은 내용을 설명할 수 있게 해주는 책!

학생들이 영어 지문을 해석해도 중심 내용을 이해하지 못하는 경우가 많은데, 이는 문해력 문제로 때로는 한글로 보충 설명이 필요했습니다. 이 교재를 통해 직독직해와 요약 활동을 제공하여 학생들이 직접 내용을 설명할 수 있도록 유도하여 매우 유익했습니다. 또한, 별도 자료 준비 없이도 맞춤형 수업을 효과적으로 진행할 수 있습니다.

김숙진 선생님 지니영어

3회독 방식으로 문해력 올리기 추천!

한글로 문제가 제공되는 이 교재는 원서형 교재와 비교할 때 특히 유용합니다. 이는 학생들이 문제를 이해하지 못해 답을 틀리는 경우를 줄여주며, 단락별로 우리말로 정리하고 3회독 학습법으로 글을 깊이 있게 읽을 수 있도록 돕습니다. 이러한 점에서 적극 추천합니다.

박수경 선생님 더와이즈영어

초등부터 내신과 수능 준비 시작 가능!

중고등 내신과 수능 준비에는 정확한 해석 연습이 필수적입니다. 일부는 한국식 영어 학습을 비판할지 모르지만, 영어와 다른 어순을 직독직해로 익히면 리딩 속도와 독해 정확성이 향상됩니다. 이 교재의 학습법은 실력 향상과 대학 진학 목표 달성에 효과적이며, 학생들에게 큰 도움이 될 것입니다.

현명숙 선생님 링키영어

검토해주신 모든 선생님들께 진심으로 감사의 말씀을 드립니다.

김은희 선생님 베스트영어교습소
심수정 선생님 아이비리그영어학원
이재은 선생님 파머스영어와이즈톡학원
이덕회 선생님 맥스영어학원
이민지 선생님 마스터영어학원
유영이 선생님 정릉풍림윤선생영어교습소

이지혜 선생님 아비투스송쌤영어학원
이진선 선생님 올바른 영어
이현미 선생님 부영3단지영어교습소
이혜민 선생님 마하나임영수학원
정연주 선생님 통인어린이작은도서관

천예슬 선생님 그린트리영어교습소
천윤경 선생님 조세핀잉글리쉬
최정현 선생님 위캔영어교습소
현선주 선생님 스테핑스톤영어학원
홍지현 선생님 S영어

목차

1

SOCIETY

케첩을 못 먹는다니!

JOBS

이게 직업이라고?

LANGUAGE

콩이 와르르 쏟아지면~

A Ketchup Rule

읽기 전에
어휘 익히기
따라 말하면서 쓰세요.

special 특별한

rule 규칙

elementary 초등의

French 프랑스의

proud 자랑스러워하는

traditional 전통의

flavor 맛

cover up 완전히 가리다

allow 허락하다

once 한 번

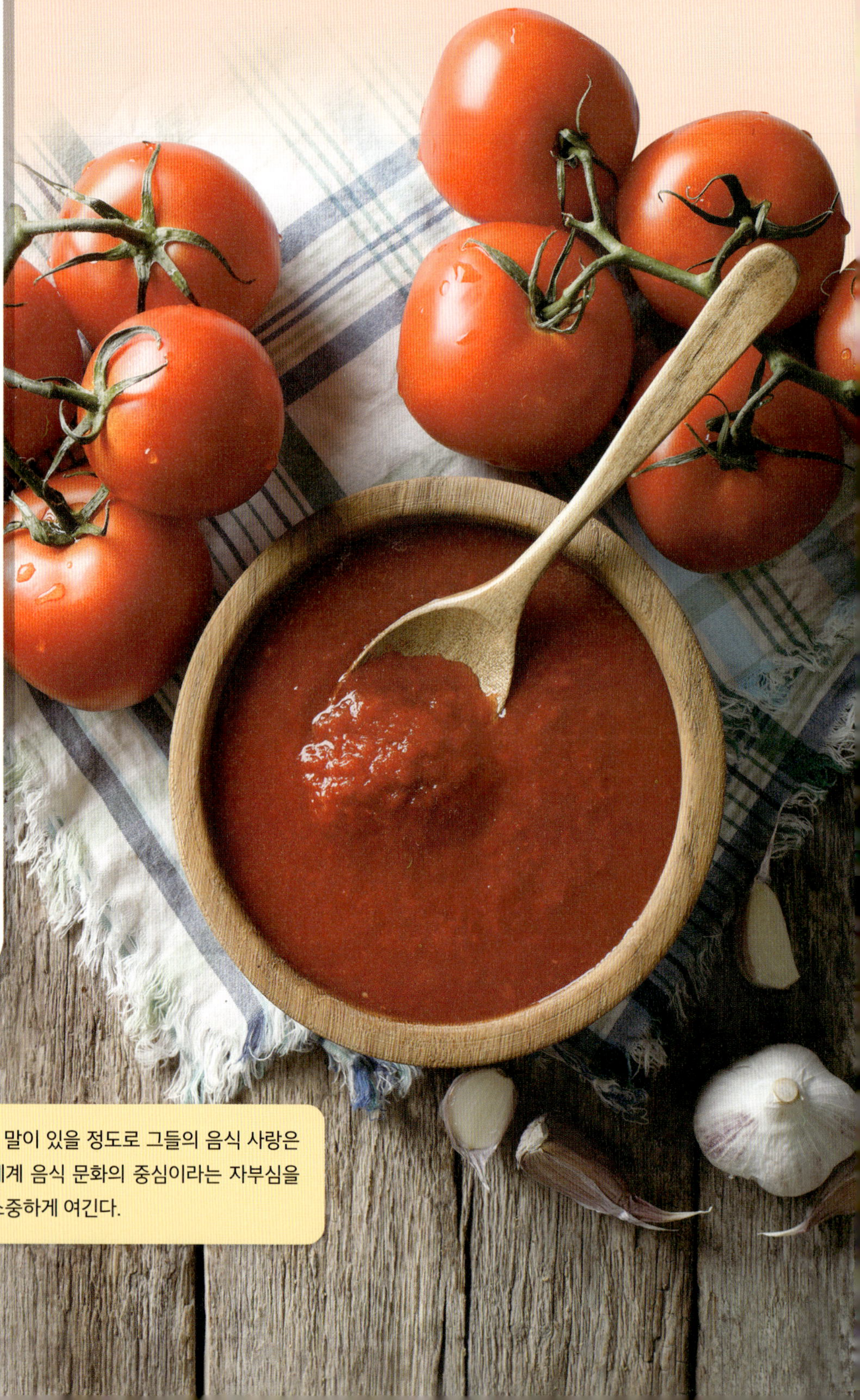

배경지식 쌓기

'프랑스인들은 음식에 평생을 바친다'라는 말이 있을 정도로 그들의 음식 사랑은 특별하다. 프랑스인들은 프랑스 음식이 세계 음식 문화의 중심이라는 자부심을 가지고 있으며, 전통적인 맛과 식문화를 소중하게 여긴다.

Do you like ketchup?

Then don't move to France!

They have a special ketchup rule.

Elementary students can't have ketchup at lunch!

French people are proud of their food.

They want their kids to enjoy traditional flavors.

But ketchup covers up these flavors.

So kids can't have ketchup at lunchtime.

But guess what?

Schools still allow ketchup once a week!

Students can only have ketchup with their fries.

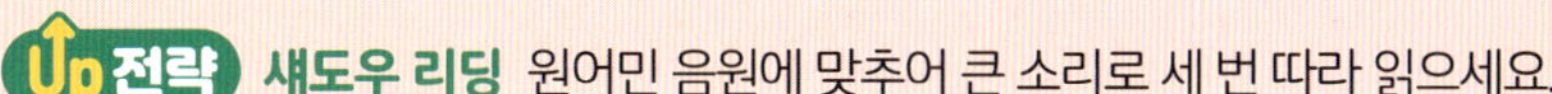

끊어 읽으면서 정확한 우리말 의미를 쓰세요.

1 Do you like / ketchup?

너는 좋아하는가 / ____________을

→ **+ 주어** ~은(는), ~이(가)

2 Then / don't move / to France!

그러면 / 이사하지 ____________ / ____________로

→ **가리키는 말 찾기**   네가 케첩을 좋아한다면

3 They have / a special ketchup rule.

그들은 가지고 있다 / 특별한 ____________을

→ **가리키는 말 찾기** ____________

4 Elementary students can't have / ketchup / at lunch!

초등학생들은 ____________ 수 없다 / 케첩을 / ____________ 시간에

5 French people are / proud / of their food.

____________ 사람들은 ~이다 / ____________ / 그들의 음식을

6 They want / their kids / to enjoy / traditional flavors.

그들은 **원한다** / 그들의 아이들이 / ___________ 것을 / ___________ 맛들을

↳ **동사** ~하다, ~이다

7 But / ketchup covers up / **these flavors.**

___________ / 케첩은 ___________ / **이런 맛들을**

↳ **가리키는 말 찾기** ___________

8 So / kids can't have / ketchup / at lunchtime.

그래서 / ___________ / 케첩을 / 점심시간에

9 Schools still allow / ketchup / once a week!

그런데도 학교들은 ___________ / 케첩을 / ___________

10 Students can only have / ketchup / with their fries.

학생들은 오직 먹을 수 있다 / 케첩을 / 그들의 ___________ 과 함께

1 Do you like ketchup? Then don't move to France! They have a special ketchup rule. Elementary students can't have ketchup at lunch!

중심 내용 ▶ (1) ☐☐☐ 에는 초등학교 점심시간에 (2) ☐☐ 을 못 먹는 규칙이 있다.

2 French people are proud of their food. They want their kids to enjoy traditional flavors. <u>But ketchup covers up these flavors.</u> So kids can't have ketchup at lunchtime.

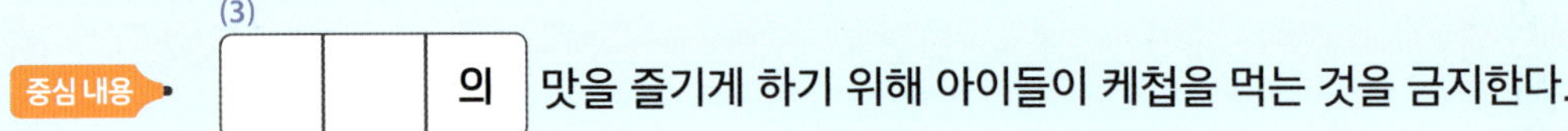

중심 내용 ▶ (3) ☐☐ 의 맛을 즐기게 하기 위해 아이들이 케첩을 먹는 것을 금지한다.

3 But guess what? Schools still allow ketchup once a week! Students can only have ketchup with their fries.

중심 내용 ▶ 일주일에 (4) ☐ 번 케첩을 오직 감자튀김과 먹을 수 있다.

16

이 글은 무엇에 관한 내용인지 고르세요.

① French traditional food
② lunch rules in France
③ eating fries in France

이 글의 내용과 일치하면 T, 일치하지 않으면 F를 쓰세요.

(1) French people are proud of their traditional clothes. ____________

(2) Students can eat ketchup at lunchtime once a week. ____________

Up전략 **근거 찾기** 글 안에서 답의 근거가 되는 문장들을 찾아 밑줄을 그으세요.

글의 밑줄 친 부분을 보고, 추측할 수 있는 프랑스인들의 생각을 고르세요.

① 케첩은 프랑스 전통 음식을 현대적으로 변화시킨다.
② 케첩은 모든 프랑스 전통 음식과 잘 어울린다.
③ 케첩은 강한 맛 때문에 음식 본연의 맛을 느끼기 어렵게 한다.

프랑스의 초등학교에서 일주일에 한 번 케첩과 먹을 수 있는 음식을 고르세요.

① hot dog   ② fries   ③ omelet

요약하기 문단 중심 내용 빈칸에 쓴 내용을 영어로 쓰세요.

In ___(1)___ , elementary students can't have ___(2)___ at lunch.

French people want their kids to enjoy ___(3)___ flavors. But kids can

only have ketchup with their fries ___(4)___ a week.

Meet a LEGO Master Builder

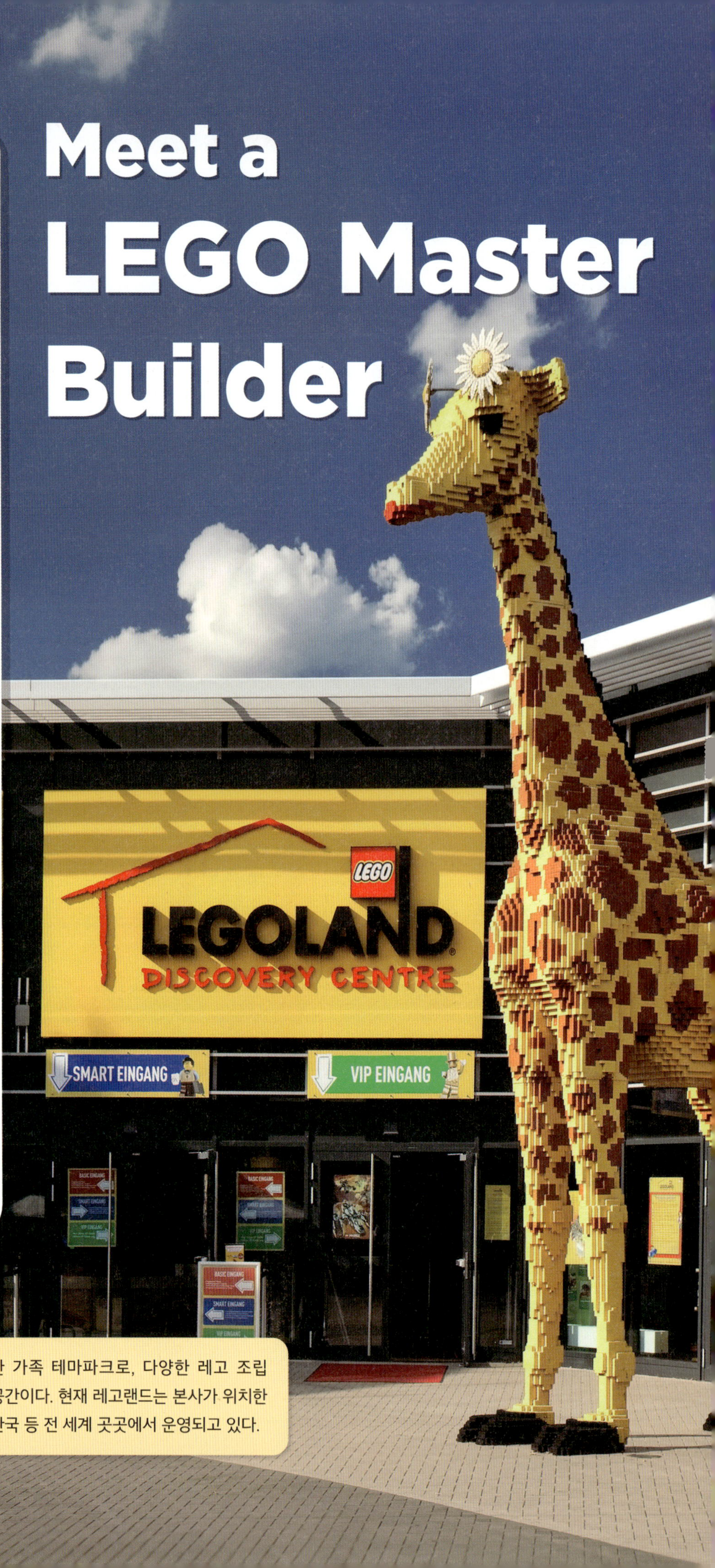

읽기 전에 어휘 익히기
따라 말하면서 쓰세요.

master builder
마스터 빌더, 제작 전문가

design 디자인하다

build 만들다

become ~이 되다

keep 계속하다

creative 창의적인

without ~ 없이

instructions 설명서

advice 조언

hobby 취미

배경지식 쌓기

레고랜드는 레고 브랜드를 중심으로 한 가족 테마파크로, 다양한 레고 조립 모델과 놀이 기구, 쇼 등을 즐길 수 있는 공간이다. 현재 레고랜드는 본사가 위치한 덴마크를 비롯해 미국, 영국, 독일, 일본, 한국 등 전 세계 곳곳에서 운영되고 있다.

🎙️ : Today, I'm here at LEGOLAND.

I'm talking to a LEGO master builder.

What do master builders do?

: We make big LEGO models.

And we design new LEGO sets.

We also build exciting things for LEGOLAND.

🎙️ : That's amazing!

How can kids become master builders?

: Keep building and be creative.

Also, try to build without instructions.

Have fun with LEGO!

🎙️ : Great advice!

A hobby can become a job!

Up 전략 **섀도우 리딩** 원어민 음원에 맞추어 큰 소리로 세 번 따라 읽으세요.

끊어 읽으면서 정확한 우리말 의미를 쓰세요.

1 Today, / I'm / here / at LEGOLAND.

오늘 / 나는 있다 / ________ / 레고랜드에

2 I'm talking / to a LEGO master builder.

나는 ________ 하고 있다 / 레고 마스터 빌더와

3 What / do master builders do?

________ / 마스터 빌더들은 ________

4 We make / big LEGO models.

________ / 큰 레고 모델들을

목적어 ~을(를)

5 And / we design / new LEGO sets.

그리고 / 우리는 ________ / ________ 레고 세트들을

가리키는 말 찾기

6 We also build / exciting things / for LEGOLAND.

우리는 또한 ________ / 흥미진진한 것들을 / ________ 를 위해

7 How / can kids become / master builders?

어떻게 / 아이들은 ________ / 마스터 빌더들이
＋ 보어 ~이, ~이다

8 Keep / building / and / be / creative.

________ / 만드는 것을 / 그리고 / ~이어라 / ________

9 Also, / try / to build / without instructions.

또한 / 노력해라 / 만들려고 / ________

10 A hobby can become / a job!

________ 는 될 수 있다 / ________ 이

1 🎤 : Today, I'm here at LEGOLAND. I'm talking to a LEGO master builder. What do master builders do?

🧑‍🔧 : We make big LEGO models. And we design new LEGO sets. We also build exciting things for LEGOLAND.

중심 내용 레고 마스터 빌더는 ⁽¹⁾☐ 레고 모델들을 만들고, 새로운 세트들을 ⁽²⁾☐☐☐ 한 다 .

2 🎤 : That's amazing! How can kids become master builders?

🧑‍🔧 : Keep building and be creative. <u>Also, try to build without instructions.</u> Have fun with LEGO!

중심 내용 레고 마스터 빌더가 되기 위해, ⁽³⁾☐☐☐이어야 하고, 설명서 없이 만들려고 노력해야 한다.

3 🎤 : Great advice! A hobby can become a job!

중심 내용 취미가 ⁽⁴⁾☐☐이 될 수 있다.

달달 읽고 곰곰 생각하는

달곰한 LITERACY

Reading

1 LEVEL

정답 및 해설

NE 능률

달곰한 LITERACY
Reading

정답 및 해설

UNIT 1
A Ketchup Rule

본문 해석

p. 13

케첩 규칙

당신은 케첩을 좋아하는가? 그러면 프랑스로 이사하지 마라! 그들은 특별한 케첩 규칙이 있다. 초등학생들은 점심시간에 케첩을 먹을 수 없다! 프랑스 사람들은 그들의 음식을 자랑스러워한다. 그들은 아이들이 전통의 맛을 즐기길 원한다. 그러나 케첩은 이런 맛을 완전히 가려버린다. 그래서 아이들은 점심시간에 케첩을 먹을 수 없다. 그러나 알고 있는가? 그런데도 학교는 일주일에 한 번 케첩을 허락한다! 학생들은 케첩을 오직 감자튀김과 먹을 수 있다.

직독직해

pp. 14-15

1 너는 좋아하는가 / 케첩을

2 **그러면** / 이사하지 마라 / 프랑스로
↳ 가리키는 말 찾기 네가 케첩을 좋아한다면

3 **그들**은 가지고 있다 / 특별한 케첩 규칙을
↳ 가리키는 말 찾기 프랑스 사람들, 프랑스 학교들

4 초등학생들은 먹을 수 없다 / 케첩을 / 점심시간에

5 프랑스의 사람들은 ~이다 / 자랑스러워하는 / 그들의 음식을

6 그들은 원한다 / 그들의 아이들이 / 즐기는 것을 / 전통의 맛들을

7 그러나 / 케첩은 완전히 가린다 / **이런 맛들을**
↳ 가리키는 말 찾기 전통의 맛들

8 그래서 / 아이들은 먹을 수 없다 / 케첩을 / 점심시간에

9 그런데도 학교들은 허락한다 / 케첩을 / 일주일에 한 번

10 학생들은 오직 먹을 수 있다 / 케첩을 / 그들의 감자튀김과 함께

(1) 프랑스   (2) 케첩   (3) 전통   (4) 한

문제 정답   p. 17

1 ②   **2** (1) F (2) T   **3** ③   **4** ②

Up 전략 근거 찾기

2-(1) French people are proud of their food.
2-(2) Schools still allow ketchup once a week!

1 ① 프랑스 전통 음식 ② 프랑스의 점심 규칙 ③ 프랑스에서 감자튀김 먹기
프랑스의 초등학교 점심시간에 시행되고 있는 케첩 금지 규칙에 관한 내용이므로 정답은 ②이다.

2 (1) 프랑스 사람들은 그들의 전통 의상을 자랑스러워한다.
프랑스 사람들은 그들의 음식을 자랑스러워한다고(French people are proud of their food.) 했으므로 글의 내용과 일치하지 않는다.

(2) 학생들은 일주일에 한 번 점심시간에 케첩을 먹을 수 있다.
학교는 일주일에 한 번 케첩을 허락한다고(Schools still allow ketchup once a week!) 했으므로 글의 내용과 일치한다.

3 케첩이 전통의 맛을 완전히 가려버린다는(But ketchup covers up these flavors.) 부분에서, 프랑스 사람들은 케첩의 강한 맛이 음식 본연의 맛을 느끼기 어렵게 한다고 생각한다는 것을 추측할 수 있다. 따라서 정답은 ③이다.

4 프랑스의 초등학교에서 일주일에 한 번 케첩을 오직 감자튀김과 먹을 수 있다고 했으므로 정답은 ②이다.

요약하기   p. 17

(1) France   (2) ketchup   (3) traditional   (4) once

요약 해석
프랑스에서는, 초등학생들이 점심시간에 케첩을 먹을 수 없다. 프랑스 사람들은 아이들이 전통의 맛을 즐기길 원한다. 그러나 아이들은 일주일에 한 번 케첩을 오직 감자튀김과 먹을 수 있다.

UNIT 2
Meet a LEGO Master Builder

본문 해석

p. 19

레고 마스터 빌더를 만나다

(인터뷰어): 오늘, 저는 레고랜드에 와 있습니다. 저는 지금 레고 마스터 빌더와 이야기하고 있습니다. 마스터 빌더는 무슨 일을 하나요? (레고 마스터 빌더): 우리는 큰 레고 모델을 만듭니다. 그리고 새로운 레고 세트를 디자인합니다. 또한 레고랜드를 위해 흥미진진한 것들도 만듭니다. (인터뷰어): 정말 놀랍네요! 아이들이 마스터 빌더가 되려면 어떻게 해야 하나요? (레고 마스터 빌더): 계속해서 만들고 창의력을 발휘하세요. 또한, 설명서 없이도 만들려고 노력해 보세요. 레고를 가지고 즐겁게 노세요! (인터뷰어): 정말 좋은 조언이네요! 취미가 직업이 될 수도 있네요!

직독직해

pp. 20-21

1 오늘 / 나는 있다 / 여기에 / 레고랜드에

2 나는 이야기하고 있다 / 레고 마스터 빌더와

3 무엇을 / 마스터 빌더들은 하는가

4 우리는 만든다 / 큰 레고 모델들을

5 그리고 / 우리는 디자인한다 / 새로운 레고 세트들을
↳ 가리키는 말 찾기 레고 마스터 빌더들

6 우리는 또한 만든다 / 흥미진진한 것들을 / 레고랜드를 위해

7 어떻게 / 아이들은 될 수 있는가 / 마스터 빌더들이

8 계속해라 / 만드는 것을 / 그리고 / ~이어라 / 창의적인

9 또한 / 노력해라 / 만들려고 / 설명서 없이

10 취미는 될 수 있다 / 직업이

중심 내용   p. 22

(1) 큰   (2) 디자인   (3) 창의적   (4) 직업

문제 정답   p. 23

1 ①   **2** ②   **3** ③   **4** ①

Up전략 근거 찾기

2-① Today, I'm here at LEGOLAND. I'm talking to a LEGO master builder.

2-③ We make big LEGO models. And we design new LEGO sets. We also build exciting things for LEGOLAND.

1 ① 흥미로운 직업 ② 놀라운 장소 ③ 유명한 사람
레고 마스터 빌더라는 흥미로운 직업에 관한 내용이므로 정답은 ①이다.

2 ① 두 사람은 어디에서 이야기하고 있는가?
② 마스터 빌더는 몇 살인가?
③ 마스터 빌더가 하는 일은 무엇인가?
마스터 빌더의 나이에 관한 내용은 언급하지 않아 대답할 수 없으므로 정답은 ②이다.

3 설명서 없이 만들려고 노력하라는(Also, try to build without instructions.) 부분에서, 레고 마스터 빌더에게는 자신만의 방법으로 레고를 조립할 수 있는 창의력과 스스로 고민하며 완성할 수 있는 문제 해결력이 필요하다는 것을 알 수 있다. 레고 마스터 빌더에게 독해력이 필요한지는 알 수 없으므로 정답은 ③이다.

4 레고 마스터 빌더가 되기 위해서는 꾸준히 레고를 조립하고 창의력을 발휘하며, 설명서 없이 스스로 새로운 작품을 제작하는 연습을 해야 한다. 창의적인 작품을 만들기 위해 매일 레고를 조립하는 것은 레고 마스터 빌더가 되기 위한 알맞은 노력이므로 정답은 ①이다.

요약하기   p. 23

(1) big   (2) design   (3) creative   (4) job

요약 해석
레고 마스터 빌더들은 큰 레고 모델을 만들고 새로운 세트를 디자인한다. 레고 마스터 빌더가 되기 위해, 너는 창의적이어야 하고 설명서 없이 만들려고 노력해야 한다. 취미가 직업이 될 수 있다.

UNIT 3 — Spill the Beans!

본문 해석

p. 25

비밀을 말해 봐!

오래전에, 고대 그리스인들은 투표했다. 그들에게는 특별한 방법이 있었다. 사람들은 투표하기 위해 콩을 사용했다. 사람들은 항아리 안에 콩을 넣었다. 흰콩은 '예', 검은콩은 '아니요'를 의미했다. 쉿... 투표는 비밀이었다. 이런! 누군가가 항아리를 쳐서 넘어뜨렸다. 콩이 사방에 쏟아졌다. 비밀이 드러났다! 그래서, 우리는 'spill the beans'라고 말한다. 그것은 '비밀을 말하다'를 의미한다. 비밀을 말할 시간이다. 당신의 비밀은 무엇인가?

직독직해

pp. 26-27

1 오래전에 / 고대의 그리스인들은 투표했다

2 그들은 가지고 있었다 / 특별한 방법을
└ 가리키는 말 찾기 　고대의 그리스인들

3 사람들은 사용했다 / 콩들을 / 투표하기 위해

4 사람들은 넣었다 / 콩들을 / 항아리 안에

5 흰콩들은 의미했다 / '예'를. 검은콩들은 의미했다 / '아니요'를

6 쉿... 투표들은 ~이었다 / 비밀

7 이런! 누군가가 쳐서 넘어뜨렸다 / 항아리를

8 콩들은 쏟아졌다 / 모든 곳에

9 비밀은 ~이었다 / 드러난! 그래서 / 우리는 말한다 / '콩들을 쏟다'라고 (spill the beans)

10 그것은 의미한다 / '비밀을 말하다'를
└ 가리키는 말 찾기 　'콩들을 쏟다', 'spill the beans'

중심 내용

(1) 투표　　　(2) 흰　　　(3) 검은　　　(4) 비밀

문제 정답　　　　　　　　　　　　　　　　p. 29

1 ②　　　**2** ①　　　**3** ①　　　**4** ②

Up전략 근거 찾기

2-① People used beans to vote. People put beans into a jar.
2-② White beans meant yes.
2-③ The votes were a secret.

1 ① 항아리 안에 콩을 넣다　② 비밀을 말하다　③ 항아리를 쳐서 넘어뜨리다
영어 표현 'spill the beans'는 '비밀을 말하다'를 의미한다고 했으므로 정답은 ②이다.

2 사람들은 투표하기 위해 항아리에 콩을 넣었다고(People used beans to vote. People put beans into a jar.) 했으므로 ①은 글의 내용과 일치한다.

3 ① 그래서　② 그러나　③ 또한
빈칸 앞에서 콩이 사방에 쏟아져 비밀이 드러났다고 했고, 빈칸 이후에는 그로 인해 '비밀을 말하다'를 의미하는 표현 'spill the beans'가 생겼다고 했다. 따라서 인과관계를 나타내는 'So'가 빈칸에 들어가야 하므로 정답은 ①이다.

4 고대 그리스 투표 방법에 따르면 흰콩은 '예', 검은콩은 '아니요'를 의미한다. 그림에서 흰콩보다 검은콩이 많은데, 이는 반대의 의견을 가진 사람들이 더 많다는 의미이므로 정답은 ②이다.

요약하기　　　　　　　　　　　　　　　　p. 29

(1) vote　　　(2) White　　　(3) black　　　(4) secret

요약 해석
고대 그리스인들은 항아리 안에 콩을 넣어 투표했다. 흰콩은 '예'를 의미했고, 검은콩은 '아니요'를 의미했다. 콩이 쏟아졌고, 비밀이 드러났다. 그래서, 'spill the beans'는 '비밀을 말하다'를 의미한다.

UNIT 4

I'm a Special Dad

본문 해석

p. 33

저는 특별한 아빠입니다

안녕하세요! 저는 아빠 해마입니다. 저에게는 독특한 임무가 있죠. 바로 새끼를 낳을 수 있다는 거예요! 저의 배에는 주머니가 있어요. 엄마 해마가 그곳에 알을 낳습니다. 저는 그 알을 한 달 동안 품고 있죠. 그다음에 알이 제 안에서 부화한답니다. 새끼 해마들은 제 주머니 안에서 자라요. 저는 그들에게 먹이를 주고 돌봐 줍니다. 나중에, 그들은 제 주머니에서 나와요. 그들은 자유롭게 헤엄치며 많은 모험을 한답니다!

직독직해

pp. 34-35

1 안녕! 나는 ~이다 / 아빠 해마

2 나는 가지고 있다 / 독특한 일(임무)을. 나는 새끼를 낳을 수 있다

3 나는 가지고 있다 / 주머니를 / 나의 배에

4 엄마 해마는 낳는다 / 알들을 / 그곳에
↳ 가리키는 말 찾기 아빠 해마의 주머니

5 나는 가지고 다닌다 / 그것들을 / 한 달 동안
↳ 가리키는 말 찾기 알들

6 그다음에 / 그것들은 부화한다 / 내 안에서
↳ 가리키는 말 찾기 알들

7 새끼들은 자란다 / 나의 주머니 안에서

8 나는 먹이를 준다 / 그리고 / 돌본다 / 그들을
↳ 가리키는 말 찾기 (부화한) 새끼 해마들

9 나중에 / 그들은 나온다 / 나의 주머니에서

10 그들은 헤엄친다 / 자유롭게 / 그리고 / (경험)한다 / 많은 모험들을

중심 내용

(1) 해마   (2) 주머니   (3) 부화   (4) 먹이

문제 정답

1 ③   **2** (1) F (2) F   **3** ③   **4** ②

Up전략 근거 찾기

2-(1) I have a pouch on my belly.
2-(2) I carry them for a month.

❶ 수컷 해마의 특별한 역할인 새끼를 낳는 과정에 관한 내용이므로 정답은 ③이다.

❷ (1) 엄마 해마는 배에 주머니를 가지고 있다.
아빠 해마가 배에 주머니를 가지고 있다고(I have a pouch on my belly.) 했으므로 글의 내용과 일치하지 않는다.

(2) 아빠 해마는 일주일 동안 알들을 품고 있다.
아빠 해마가 한 달 동안 알들을 품고 있다고(I carry them for a month.) 했으므로 글의 내용과 일치하지 않는다.

❸ 나중에, 그들은 나의 주머니에서 나온다.
새끼들이 주머니 안에서 자란다는(The babies grow in my pouch.) 문장에서 새끼들은 아직 주머니에 있는 상태임을 알 수 있고, 새끼들이 자유롭게 헤엄치며 많은 모험을 한다는(They swim freely and have many adventures!) 문장에서는 새끼들이 주머니 밖으로 나온 상태임을 알 수 있다. 따라서 주어진 문장은 새끼들이 자유롭게 헤엄치고 모험한다는 문장 앞에 들어가야 하므로 정답은 ③이다.

❹ 아빠 해마는 새끼들에게 먹이를 주며 돌보고, 아빠 황제펭귄은 알을 따뜻하게 품어 준다. 따라서 아빠 해마와 아빠 황제펭귄의 공통적인 역할은 새끼나 알을 보호하는 것이므로 정답은 ②이다.

요약하기

(1) seahorse   (2) pouch   (3) hatch   (4) feed

요약 해석
아빠 해마는 새끼를 낳을 수 있다. 엄마 해마는 그의 주머니에 알을 낳고, 알들은 그곳에서 부화한다. 아빠 해마는 새끼들이 자유롭게 헤엄칠 수 있을 때까지 먹이를 주고 돌본다.

UNIT 5 — A Churro Mystery

본문 해석

p. 39

추로 미스터리

추로스는 어디에서 왔는가? 두 가지 이야기가 있다! 오래전 스페인에서, 양치기들이 간식을 원했다. 그들은 밀가루 반죽을 튀겼다. 그다음 그들은 그 위에 설탕을 뿌렸다. 그것은 추라 양의 뿔처럼 보였다. 그래서 그들은 그것을 '추로'라고 불렀다! 또 다른 이야기는 중국에서 온다. 사람들은 아침 식사 음식인 유탸오를 먹었다. 상인들이 그 조리법을 유럽으로 가지고 돌아왔다. 그들은 설탕과 함께 그것을 먹어 봤다. 그들은 추로스를 만들었다! 어느 이야기가 사실인가? 아무도 모른다.

직독직해

pp. 40-41

1. 어디에서 / 추로스는 ~인가 / ~에서 온? ~가 있다 / 두 가지 이야기들

2. 오래전에 / 스페인에서 / 양치기들은 원했다 / 간식들을

3. 그들은 튀겼다 / 밀가루 반죽을. 그다음에 / 그들은 얹었다 / 설탕을 / 그것 위에
   ↳ 가리키는 말 찾기 양치기들

4. 그것은 보였다 / 추라 양의 뿔들처럼
   ↳ 가리키는 말 찾기 튀긴 밀가루 반죽

5. 그래서 / 그들은 불렀다 / 그것을 / '추로'라고

6. 또 하나의 이야기는 ~이다 / 중국에서 온

7. 사람들은 먹었다 / 유탸오를 / 아침 식사 음식인

8. 상인들은 가져왔다 / 그 조리법을 / 다시 / 유럽으로
   ↳ 가리키는 말 찾기 유탸오 조리법

9. 그들은 먹어 봤다 / 그것을 / 설탕과 함께. 그들은 만들었다 / 추로스를
   ↳ 가리키는 말 찾기 상인들(과 유럽 사람들)

10. 어느 이야기는 ~인가 / 사실인

중심 내용

(1) 추로스 (2) 양치기 (3) 뿔 (4) 유럽

문제 정답

1 ②   **2** (1) F (2) T   **3** ③   **4** ①

Up전략 근거 찾기

2-(1) They fried dough.
2-(2) Traders brought a recipe back to Europe.

① ① 추로스를 만드는 방법 ② 추로스의 기원 ③ 유럽에서 인기 있는 간식
추로스의 두 가지 기원에 관한 내용이므로 정답은 ②이다.

② (1) 스페인의 양치기들은 간식을 위해 밀가루 반죽을 구웠다.
양치기들이 밀가루 반죽을 튀겼다고(They fried dough.) 했으므로 글의 내용과 일치하지 않는다.

(2) 상인들은 유탸오 조리법을 유럽으로 가져왔다.
상인들이 유탸오의 조리법을 유럽으로 가지고 돌아왔다고(Traders brought a recipe back to Europe.) 했으므로 글의 내용과 일치한다.

③ 간식을 원한 스페인 양치기들은 밀가루 반죽을 튀기고 설탕을 뿌렸다. 이를 통해 스페인 양치기들은 간식을 직접 준비했다는 것을 추측할 수 있으므로 정답은 ③이다.

④ 스페인 양치기들이 만든 간식이 추라 양의 뿔처럼 생겨 '추로'라고 불리게 되었다. 이는 생김새를 바탕으로 이름을 지은 것이다. 곱창김 역시 곱창과 비슷한 생김새 때문에 붙여진 이름이며, 이는 추로스의 경우와 비슷한 사례이다. 따라서 정답은 ①이다.

요약하기

(1) churro (2) shepherd (3) horn (4) Europe

요약 해석
추로스에 관한 두 가지 이야기가 있다. 하나는 스페인 양치기들이 추라 양의 뿔처럼 생긴 추로스를 만들었다고 한다. 또 다른 하나는 상인들이 유탸오 조리법을 유럽으로 가져왔고, 그것이 추로스가 되었다는 것이다.

No Homework Day

본문 해석

p. 45

숙제 없는 날

일기에게. 오늘은 숙제 없는 날이야! 내가 매우 좋아하는 날이지. 오늘 아무도 숙제가 없었어. 이것은 미국에서 5월 6일에 항상 있는 일이야. 휴식을 취하고 즐기는 시간이야. 방과 후에, 나는 많은 재미있는 일들을 했어. 먼저, 나는 친구들과 밖에서 놀았어. 그다음에 나는 짧은 낮잠을 잤어. 마지막으로, 나는 영화를 봤어. 오늘은 환상적이었어. 우리는 이런 날을 더 많이 경험해야 해.

직독직해

pp. 46-47

1. 오늘은 ~이다 / 숙제 없는 날

2. 그것은 ~이다 / 나의 매우 좋아하는 날
   ↳ 가리키는 말 찾기 숙제 없는 날

3. 아무도 가지지 않았다 / 숙제를 / 오늘

4. 이것은 항상 일어난다 / 5월 6일에 / 미국에서
   ↳ 가리키는 말 찾기 숙제 없는 날

5. ~이다 / 시간 / 휴식을 취할 / 그리고 / 즐길

6. 방과 후에 / 나는 했다 / 많은 재미있는 일들을

7. 먼저 / 나는 놀았다 / 밖에서 / 나의 친구들과

8. 그다음에 / 나는 가졌다(잤다) / 짧은 낮잠을
   ↳ 가리키는 말 찾기 친구들과 밖에서 논 다음에

9. 마지막으로 / 나는 봤다 / 영화를. 오늘은 ~이었다 / 환상적인

10. 우리는 경험해야 한다 / 더 많은 날들을 / 이것과 같은
    ↳ 가리키는 말 찾기 숙제 없는 날

중심 내용

p. 48

(1) 숙제　　　(2) 5월　　　(3) 휴식　　　(4) 낮잠

문제 정답

p. 49

1 ③　　**2** ③　　**3** ⓐ First ⓑ Then ⓒ Finally　　**4** ③

Up전략 근거 찾기

2-① Today is No Homework Day! It's my favorite day.

2-② This always happens on May 6 in the U.S.

2-③ After school, I did lots of fun things.

1 미국 학교들에서 일 년에 한 번 있는 특별한 날인 숙제 없는 날에 관한 내용이므로 정답은 ③이다.

2 ① 나는 숙제 없는 날을 매우 좋아한다.

② 숙제 없는 날은 5월 6일이다.

③ 나는 오늘 학교에 가지 않았다.

방과 후에, 많은 재미있는 일들을 했다고(After school, I did lots of fun things.) 했으므로 글쓴이가 학교에 다녀왔다는 것을 알 수 있다. 따라서 ③은 글의 내용과 일치하지 않는다.

3 그다음에　　　마지막으로　　　먼저

숙제 없는 날에 글쓴이가 한 일들을 시간 순서대로 언급하고 있다. 처음에 한 일을 말할 땐 'first', 그다음에 한 일을 말할 땐 'then', 마지막으로 한 일을 말할 땐 'finally'를 쓴다.

4 숙제 없는 날은 휴식을 취하고 즐기는 시간이므로, 수학익힘책 과제 하기는 이 날의 활동으로 알맞지 않다. 따라서 정답은 ③이다.

요약하기

p. 49

(1) Homework　(2) May　　(3) relax　　(4) nap

요약 해석

오늘은 숙제 없는 날이다. 미국에서, 5월 6일은 휴식을 취하고 즐기는 날이다. 방과 후에, 나는 친구들과 밖에서 놀고, 낮잠을 자고, 영화를 봤다. 환상적인 날이었다.

UNIT 7 — Astronaut Food

본문 해석

p. 53

우주 식품

우주에서의 점심시간이다! 우주 비행사들은 무엇을 먹는가? 과거에, 그들은 튜브에 담긴 음식을 먹었다. 음식이 치약 같았다! 그것은 맛이 없었다. 이제, 우주 식품은 훨씬 더 좋다. 우주 비행사들은 아주 맛있는 건조식품을 먹는다. 물만 추가해라! 그들은 스파게티나 스크램블드에그를 만들 수 있다. 요즘에는, 우주 비행사들은 거의 무엇이든 먹을 수 있다. 그들은 피자와 햄버거까지도 먹을 수 있다! 그들은 또한 과일과 채소를 재배할 수 있다. 맛있게 먹어요, 우주 비행사들!

직독직해

pp. 54-55

❶ ~이다 / 점심시간 / 우주에서

❷ 무엇을 / 우주 비행사들은 먹는가

❸ 과거에 / 그들은 먹었다 / 튜브들에서
  ↳ 가리키는 말 찾기 우주 비행사들

❹ 음식은 ~이었다 / 치약 같은! 그것은 ~이 아니었다 / 맛있는
  ↳ 가리키는 말 찾기 튜브(용기)에서 먹었던 음식

❺ 이제 / 우주 식품은 ~이다 / 훨씬 더 좋은

❻ 우주 비행사들은 먹는다 / 아주 맛있는 건조식품을. 그저 추가해라 / 물을

❼ 그들은 만들 수 있다 / 스파게티를 / 또는 / 스크램블드에그를
  ↳ 가리키는 말 찾기 우주 비행사들

❽ 요즘에는 / 우주 비행사들은 먹을 수 있다 / 거의 무엇이든

❾ 그들은 먹을 수도 있다 / 피자를 / 그리고 / 햄버거들을
  ↳ 가리키는 말 찾기 우주 비행사들

❿ 그들은 또한 재배할 수 있다 / 과일들을 / 그리고 / 채소들을

중심내용

(1) 우주 비행사 (2) 물 (3) 건조 (4) 채소

문제 정답   p. 57

1 ③   **2** ①   **3** ②   **4** ②

Up전략 근거 찾기

2-① In the past, they ate from tubes. Food was like toothpaste!

2-② They can even have pizza and hamburgers!

2-③ They can also grow fruits and vegetables.

1 우주 비행사들이 먹는 우주 식품에 관한 내용이므로 정답은 ③이다.

2 ① 치약 같은 음식 ② 피자와 햄버거 ③ 신선한 과일과 채소
우주 비행사들은 과거에 튜브에 담긴 음식을 먹었고, 음식이 치약 같았다고 (In the past, they ate from tubes. Food was like toothpaste!) 했으므로 정답은 ①이다.

3 이제 우주 식품은 훨씬 더 좋다는(Now, astronaut food is much better.) 문장 이후에 우주 비행사들이 맛있는 건조식품과 거의 모든 음식을 먹을 수 있다고 했다. 이는 먹을 수 있는 음식의 종류가 더 많아졌다는 의미로, 밑줄 친 부분의 근거가 될 수 있다. 따라서 정답은 ②이다.

4 ① 음식 - 식사 ② 과거 - 미래 ③ 맛있는 - 아주 맛있는
①과 ③의 두 단어는 각각 유의 관계이고, ②의 두 단어는 반의 관계이므로 정답은 ②이다.

요약하기   p. 57

(1) astronaut (2) water (3) dried (4) vegetable

요약 해석
과거에는, 우주 비행사들이 튜브에 담긴 음식을 먹었다. 이제, 그들은 건조식품에 물을 추가하여 맛있는 식사를 즐길 수 있다. 우주 비행사들은 피자와 햄버거를 먹을 수도 있고, 과일과 채소를 재배할 수 있다.

UNIT 8 Baby Tooth Traditions

본문 해석

p. 59

젖니 전통

흔들흔들! 흔들리는 젖니는 (전 세계) 어디서나 아이들을 신나게 한다! 미국과 유럽을 살펴보자. 아이들은 이를 베개 아래에 놓는다. 밤에, 이의 요정이 방문한다. 그녀는 그것들을 가져가고 선물을 두고 간다. 튀르키예에서는, 아이들이 이를 밖에 묻는다. 그 장소는 아이들의 (장래의) 꿈과 연결된다. 당신은 축구선수가 되고 싶은가? 축구장에 이를 묻어라. 의사가 되기 위해, 병원을 선택해라. 흥미롭지, 그렇지?

직독직해

pp. 60-61

1 흔들리는 젖니들은 신나게 한다 / 아이들을 / 모든 곳에

2 살펴보자 / 미국을 / 그리고 / 유럽을

3 아이들은 놓는다 / **그들의** 이들을 / 그들의 베개들 아래에
   ↳ 가리키는 말 찾기 아이들의

4 밤에 / 이의 요정은 방문한다

5 그녀는 가지고 간다 / **그것들을** / 그리고 / 두고 간다 / 선물들을
   ↳ 가리키는 말 찾기 이(치아)들

6 튀르키예에서 / 아이들은 묻는다 / 그들의 이들을 / 밖에

7 **그 장소는** 연결시킨다 / 그들의 꿈들을
   ↳ 가리키는 말 찾기 이를 묻는 장소

8 너는 원하는가 / 되는 것을 / 축구선수가

9 묻어라 / 너의 이들을 / 축구장에

10 의사가 되기 위해 / 선택해라 / 병원을

(1) 신나게　　　(2) 베개　　　(3) 요정　　　(4) 꿈

1 ①　　　　**2** (1) T (2) F　**3** ①　　　　**4** ②

Up전략 근거 찾기

2-(1) Let's look at the U.S. and Europe. Kids put their teeth under their pillows.

2-(2) In Türkiye, kids bury their teeth outside.

1 빠진 젖니와 관련된 전통은 나라마다 다르다고 설명하는 글이므로 정답은 ①이다.

2 (1) **미국에서, 아이들은 이를 베개 아래에 놓는다.**
미국과 유럽에서는, 아이들이 이를 베개 아래에 놓는다고(Let's look at the U.S. and Europe. Kids put their teeth under their pillows.) 했으므로 글의 내용과 일치한다.

(2) **튀르키예에서, 아이들은 이를 병원 안에 보관한다.**
튀르키예에서는, 아이들이 이를 밖에 묻는다고(In Türkiye, kids bury their teeth outside.) 했으므로 글의 내용과 일치하지 않는다.

3 미국과 유럽의 아이들은 이를 베개 아래에 놓는다고 했다. 이를 통해 미국과 유럽이 비슷한 젖니 풍습을 가지고 있다는 것을 추측할 수 있다. 하지만 미국과 유럽의 젖니 풍습의 구체적인 차이에 관해서는 추측할 수 없으므로 정답은 ①이다.

4 **나는 교사가 되기를 원한다.**
① **병원**　② **학교**　③ **경찰서**
튀르키예의 젖니 풍습은 꿈과 관련된 장소에 이를 묻는 것이다. 따라서 교사가 꿈이라면, 학교에 이를 묻어야 하므로 정답은 ②이다.

(1) excite　　　(2) pillow　　　(3) Fairy　　　(4) dream

요약 해석
흔들리는 젖니는 아이들을 신나게 한다! 미국과 유럽에서는, 아이들이 이의 요정에게서 선물을 받기 위해 이를 베개 아래에 놓는다. 튀르키예에서는, 아이들이 자신의 꿈과 연결되는 장소에 이를 묻는다.

UNIT 9

Rock, Paper, Scissors!

본문 해석

p. 65

가위바위보!

가위바위보를 하자! 당신은 바위를 선택했는가? 당신은 강하다. 당신은 마음을 쉽게 바꾸지 않는다. 당신은 또한 다른 사람들을 돕는 것을 좋아한다. 종이는 많은 모양으로 접을 수 있다. 당신도 같다. 당신은 친구를 잘 사귄다. 새로운 것들은 당신을 신경 쓰이게 하지 않는다. 가위는 어떤가? 당신은 예리하고 생각이 빠른 사람이다. 당신은 신속한 결정을 할 수 있다. 당신의 선택은 당신에 관해 무언가를 말해 준다. 준비됐는가? 가위바위보!

직독직해

pp. 66-67

❶ (게임을) 하자 / 가위바위보를

❷ 너는 선택했는가 / 바위를? 너는 ~이다 / 강한

❸ 너는 바꾸지 않는다 / 너의 마음을 / 쉽게

❹ 너는 좋아한다 / 돕는 것을 / 다른 사람들을 / 또한

❺ 종이는 접을 수 있다 / 많은 모양들로. 너는 ~이다 / 같은 것
많은 모양들로 접을 수 있다는 건(여러 상황에 잘 적응할 수 있다는 건) 가리키는 말 찾기

❻ 너는 ~이다 / 잘하는 / 만드는(사귀는) 것을 / 친구들을

❼ 새로운 것들은 신경 쓰이게 하지 않는다 / 너를

❽ 너는 ~이다 / 예리한 / 그리고 / 생각이 빠른 사람

❾ 너는 할 수 있다 / 신속한 결정들을

❿ 너의 선택은 말해 준다 / 무언가를 / 너에 관해

중심 내용

| (1) 바위 | (2) 마음 | (3) 친구 | (4) 결정 |

문제 정답

1 ③   **2** ②   **3** ③   **4** ②

Up 전략 근거 찾기

2-② What about scissors? You are sharp and a fast thinker.

❶ ① 친구들의 비밀   ② 게임의 규칙   ③ 당신의 성격

가위바위보 게임에서 무엇을 선택하는가에 따라 어떤 성격을 가졌는지 설명하는 글이므로 정답은 ③이다.

❷ ① 기꺼이 돕는   ② 예리한   ③ 친절한

가위를 선택한 사람은 예리하고 생각이 빠른 사람이라고(What about scissors? You are sharp and a fast thinker.) 했으므로 정답은 ②이다.

❸ 새로운 것들은 당신을 신경 쓰이게 하지 않는다는(New things do not bother you.) 부분에서, 보를 선택한 사람은 새로운 환경에 낯설어하지 않고 잘 적응할 수 있는 성격을 가지고 있다는 것을 추측할 수 있다. 따라서 정답은 ③이다.

❹ 은수는 일단 결정을 내리면 그 결심을 쉽게 바꾸지 않는 성격이다. 바위를 선택하는 사람은 마음을 쉽게 바꾸지 않는다고 했으므로 은수는 가위, 바위, 보 중 바위를 선택할 것임을 알 수 있다. 따라서 정답은 ②이다.

요약하기

| (1) Rock | (2) mind | (3) friend | (4) decision |

요약 해석

바위는 네가 강하고 마음을 쉽게 바꾸지 않는다는 뜻이다. 보는 네가 친구를 잘 사귄다는 뜻이다. 가위는 네가 예리하고 신속한 결정을 할 수 있다는 것을 보여준다.

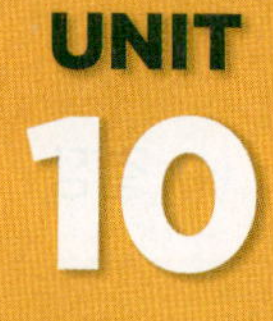

UNIT 10 · Ready, Set, Plog!

본문 해석

p. 73

제자리에, 준비, 플로깅!

가방과 장갑을 잡으세요. 출발합시다! 오늘, 우리 가족은 플로깅하러 갔어요. 도시 주변을 조깅했어요. 그리고 쓰레기를 주웠죠. 그다음에, 쓰레기를 분류했답니다. 정말 즐거운 시간이었어요! 내년에는, 큰 계획이 있어요. SpoGomi 월드컵에 참가할 거예요! 팀을 만들 계획이에요. 우리는 아주 작은 쓰레기를 주울 거예요. 쓰레기가 더 작을수록 더 높은 점수를 받거든요. 우리 팀이 우승할 거예요. 정말 기대돼요!

직독직해

pp. 74-75

1 붙잡아라 / 너의 가방들을 / 그리고 / 장갑들을

2 오늘 / 나의 가족은 갔다 / 플로깅하러

3 우리는 조깅했다 / 도시 주위에
  ↳ 가리키는 말 찾기 나의 가족

4 그리고 / 우리는 주웠다 / 쓰레기를

5 그다음에 / 우리는 분류했다 / 쓰레기를
  ↳ 가리키는 말 찾기 우리가 쓰레기를 주운 다음에

6 내년에 / 나는 가지고 있다 / 큰 계획을

7 나는 참가할 것이다 / SpoGomi 월드컵에

8 나는 계획한다 / 만드는 것을 / 팀을

9 우리는 주울 것이다 / 아주 작은 쓰레기를
  ↳ 가리키는 말 찾기 우리 팀(내가 만드는 팀)

10 더 작은 쓰레기는 얻는다 / 더 많은 점수들을

(1) 플로깅   (2) 쓰레기   (3) 작은   (4) 점수

1 ②   **2** ③   **3** ②   **4** ⓐ 3 ⓑ 2 ⓒ 1

Up전략 근거 찾기

2-① Today, my family went plogging.

2-② Next year, I have a big plan. I will join the SpoGomi World
　　Cup!

1 ① 가족 소풍   ② 청소 활동   ③ 스포츠 경기
조깅하면서 쓰레기를 줍는 청소 활동인 플로깅에 관한 내용이므로 정답은
②이다.

2 SpoGomi 월드컵이 어디에서 열리는지에 관한 내용은 언급하지 않아 대답
할 수 없으므로 정답은 ③이다.

3 글쓴이는 쓰레기를 줍고 분류했다. 이를 통해 글쓴이가 플로깅 후에 재활용
쓰레기를 분리 배출했다는 것을 추측할 수 있으므로 정답은 ②이다.

4 ⓐ 플라스틱 병   ⓑ 깡통   ⓒ 깨진 유리
SpoGomi 월드컵에서는 쓰레기의 크기가 작을수록 점수가 높다. 따라서 점
수가 높은 쓰레기의 순서는 쓰레기의 크기가 작은 순서와 같으므로, 정답은
3-2-1이다.

(1) plogging   (2) trash   (3) tiny   (4) point

요약 해석

오늘, 우리 가족은 플로깅하러 갔다. 우리는 도시 주변을 조깅하고, 쓰레기를 줍
고, 그것을 분류했다. 내년에, 나는 SpoGomi 월드컵에 참가해서 더 높은 점수를
위해 아주 작은 쓰레기를 주울 계획이다.

UNIT 11 Prices Up and Down

본문 해석
p. 79
가격 상승과 하락

당신은 코로나19의 시작을 기억하는가? 모든 사람이 마스크를 찾고 있었다. 그러나 가게들은 충분한 마스크를 가지고 있지 않았다. 그래서 마스크 가격이 올라갔다. 갑자기, 마스크 한 개조차 매우 비싸졌다. 나중에, 가게들이 더 많은 마스크를 구했다. 마스크는 찾기 더 쉬워졌다. 그다음에, 가격이 내려갔다. 이것이 시장 가격이다. 한 가게를 상상해 봐라. 사람들이 어떤 것을 원한다. 희귀한 것은 비싸질 것이다. 그러나 흔한 것은 싸질 것이다.

직독직해
pp. 80-81

1 너는 기억하는가 / 시작을 / 코로나19의

2 모든 사람은 찾고 있었다 / 마스크들을

3 그러나 / 가게들은 가지고 있지 않았다 / 충분한 마스크들을

4 그래서 / 마스크 가격들은 올라갔다

5 갑자기 / 마스크 한 개조차 되었다 / 매우 비싸게

6 나중에 / 가게들은 구했다 / 더 많은 마스크들을

7 마스크들은 되었다 / 더 쉽게 / 찾기에

8 그다음에 / 가격들은 내려갔다. 이것들은 ~이다 / 시장 가격들
↳ 가리키는 말 찾기 마스크를 찾는 것이 더 쉬워진 다음에

9 상상해 봐라 / 한 가게를. 사람들은 원한다 / 어떤 것을

10 희귀한 것은 될 것이다 / 비싸게

중심 내용

(1) 가격　　　(2) 많은　　　(3) 시장　　　(4) 비싸

문제 정답

1 ③　　**2** ③　　**3** (1) 높은 (2) 내려갔다　　**4** ①

Up전략 근거 찾기

2-① But stores didn't have enough masks.

2-② Masks became easier to find. Then, the prices went down.

2-③ People want a certain thing. A rare thing will become expensive.

1 ① 다양한 종류의 시장　② 마스크 착용 방법　③ 가격이 변하는 이유
코로나19 대유행 시기, 마스크 가격이 변하는 이유와 시장 가격의 원리에 관한 내용이므로 정답은 ③이다.

2 사람들이 원하는 물건이 희귀하면 비싸진다고(People want a certain thing. A rare thing will become expensive.) 했으므로 ③은 글의 내용과 일치한다.

3 시장 가격의 원리는 사람들이 원하는 물건이 희귀하면 비싸지고, 흔하면 싸진다는 것이다. 따라서 캐릭터 빵의 인기가 급상승하여 구하기 어려웠을 때에 일부 사람들은 높은 가격에 그 빵을 구매했지만, 빵의 생산량이 증가하자, 빵의 가격이 다시 내려갔다는 것을 알 수 있다.

4 ① 찾다 - 찾다　② 희귀한 - 흔한　③ 비싼 - 싼
②와 ③의 두 단어는 각각 반의 관계이고, ①의 두 단어는 유의 관계이므로 정답은 ①이다.

요약하기

(1) price　　　(2) more　　　(3) market　　　(4) expensive

요약 해석
코로나19 초기에, 마스크를 구하기 어려웠고 가격이 올라갔다. 우리가 더 많은 마스크를 구할 수 있게 되자, 가격이 내려갔다. 이것이 시장 가격이다. 희귀한 것은 비싸고, 흔한 것은 싸다.

UNIT 12
Messy or Tidy?

본문 해석
p. 85

지저분한가 아니면 잘 정돈되어 있는가?

당신은 유명한 사람들의 책상에 관해 궁금한가? 몇 가지를 살펴보자! 먼저, 알베르트 아인슈타인의 책상을 살펴봐라. 아인슈타인은 과학자였다. 그는 아주 지저분한 책상을 가지고 있었다. 이것은 그가 창의적으로 생각하는 것을 도왔다. 그러나 누가 잘 정돈된 책상을 가지고 있었는가? 버락 오바마가 그랬다! 그는 전 미국 대통령이다. 그의 깨끗한 책상은 그가 집중하는 것을 도왔다. 그래서, 그는 좋은 결정을 할 수 있었다. 누구나 자신만의 방식이 있다. 당신의 책상은 어떤가?

직독직해
pp. 86-87

1 너는 ~인가 / 궁금한 / 유명한 사람들의 책상들에 관해

2 먼저 / 살펴봐라 / 알베르트 아인슈타인의 책상을

3 아인슈타인은 ~이었다 / 과학자

4 그는 가지고 있었다 / 아주 지저분한 책상을
↳ 가리키는 말 찾기 알베르트 아인슈타인

5 이것은 도왔다 / 그가 / 생각하는 것을 / 창의적으로
↳ 가리키는 말 찾기 아주 지저분한 책상(을 가진 것)

6 그러나 / 누가 가지고 있었는가 / 잘 정돈된 책상을

7 버락 오바마는 그랬다! 그는 ~이다 / 이전의 미국 대통령
↳ 가리키는 말 찾기 잘 정돈된 책상을 가졌다

8 그의 깨끗한 책상은 도왔다 / 그가 / 집중하는 것을
↳ 가리키는 말 찾기 버락 오바마

9 그래서 / 그는 할 수 있었다 / 좋은 결정들을

10 모든 사람은 가지고 있다 / 그들의 자신의 방식을

중심 내용

(1) 책상   (2) 정돈된   (3) 집중   (4) 방식

문제 정답 p. 89

1 ①   **2** (1) T (2) T   **3** ②   **4** ③

Up전략 근거 찾기

2-(1) Einstein was a scientist.
2-(2) His clean desk helped him focus.

1 아인슈타인과 오바마의 책상 관리 방식을 비교하며, 사람마다 책상을 관리하는 방식은 다르다고 설명하는 글이므로 정답은 ①이다.

2 (1) 아인슈타인은 유명한 과학자였다.
아인슈타인은 과학자였다고(Einstein was a scientist.) 했으므로 글의 내용과 일치한다.

(2) 오바마는 집중을 잘했다.
오바마의 깨끗한 책상은 그가 집중하는 것을 도왔다고(His clean desk helped him focus.) 했으므로 글의 내용과 일치한다.

3 오바마의 책상은 깨끗하고 잘 정돈되어 있었다. 책상 위에는 필요한 것만 두고, 다른 물건들을 서랍 안에 넣는 방식은 오바마가 책상을 관리하는 방식과 비슷하므로 정답은 ②이다.

4 ① 지저분한 - 잘 정돈된   ② 깨끗한 - 더러운   ③ 이전의 - 이전의
①과 ②의 두 단어는 각각 반의 관계이고, ③의 두 단어는 유의 관계이므로 정답은 ③이다.

요약하기 p. 89

(1) desk   (2) tidy   (3) focus   (4) style

요약 해석
알베르트 아인슈타인의 지저분한 책상은 그가 창의적으로 생각하는 것을 도운 반면, 버락 오바마의 잘 정돈된 책상은 그가 집중하고 좋은 결정을 하는 것을 도왔다. 누구나 자신만의 방식이 있다.

달곰한 Reading LITERACY

1 LEVEL

Workbook 정답

UNIT 1

A Ketchup Rule

Words II

(A) 1 rule – 규칙　2 once – 한 번　3 cover up – 완전히 가리다
4 special – 특별한　5 elementary – 초등의

(B) 1 proud　2 traditional　3 allow　4 flavors

Sentences

(A) 1 Schools still allow ketchup once a week.
2 French people are proud of their food.
3 Elementary students can't have ketchup at lunch.

(B) 1 They have a special ketchup rule.
2 They want their kids to enjoy traditional flavors.
3 But ketchup covers up these flavors.

Organizer

(A) (1) 초등학교　(2) 케첩　(3) 전통
(4) 한　(5) 감자튀김

(B) 1 elementary　2 lunch　3 flavors　4 week

UNIT 2

Meet a LEGO Master Builder

Words II

(A) 1 build – 만들다　2 hobby – 취미　3 become – ~이 되다
4 creative – 창의적인　5 instructions – 설명서

(B) 1 keep　2 design　3 without　4 advice

Sentences

(A) 1 We make big LEGO models.
2 We design new LEGO sets.
3 A hobby can become a job.

(B) 1 I'm talking to a LEGO master builder.
2 We also build exciting things for LEGOLAND.
3 How can kids become master builders?

Organizer

(A) (1) 모델　(2) 세트　(3) 레고랜드
(4) 창의적　(5) 설명서

(B) 1 make　2 try　3 without　4 hobby

UNIT 3 — Spill the Beans!

Words II

Ⓐ 1 jar – 항아리　　2 vote – 투표하다, 투표　　3 Greek – 그리스인
4 mean – 의미하다　　5 spill – 쏟아지다, 쏟다

Ⓑ 1 ancient　　2 secret　　3 knocked over　　4 everywhere

Sentences

Ⓐ 1 voted
2 used
3 spilled

Ⓑ 1 They had a special way.
2 People put beans into a jar.
3 White beans meant yes.

Organizer

Ⓐ (1) 콩　　(2) 예　　(3) 아니요
(4) 항아리　　(5) 비밀

Ⓑ 1 Ancient　　2 jar　　3 spilled　　4 means

UNIT 4 — I'm a Special Dad

Words II

Ⓐ 1 lay – (알을) 낳다　　2 feed – 먹이를 주다　　3 hatch – 부화하다
4 pouch – 주머니　　5 seahorse – 해마

Ⓑ 1 belly　　2 give birth　　3 unique　　4 carry

Sentences

Ⓐ 1 for a month
2 for two weeks
3 for three hours

Ⓑ 1 I have a pouch on my belly.
2 They hatch inside me.
3 Later, they come out from my pouch.

Organizer

Ⓐ (1) 아빠　　(2) 알　　(3) 주머니
(4) 부화　　(5) 먹이

Ⓑ 1 birth　　2 lays　　3 eggs　　4 freely

UNIT 5 — A Churro Mystery

Words Ⅱ

(A)
1 bring – 가져오다 2 dough – 밀가루 반죽 3 Europe – 유럽
4 trader – 상인 5 shepherd – 양치기

(B)
1 true 2 fried 3 recipe 4 horns

Sentences

(A)
1 called it a "churro"
2 call their dog "King"
3 call him Coach Miller

(B)
1 Where are churros from?
2 It looked like a Churra sheep's horns.
3 Traders brought the recipe back to Europe.

Organizer

(A)
(1) 양치기 (2) 반죽 (3) 뿔
(4) 아침 식사 (5) 조리법

(B)
1 two 2 Spanish 3 traders 4 recipe

UNIT 6 — No Homework Day

Words Ⅱ

(A)
1 relax – 휴식을 취하다 2 more – 더 많은 3 diary – 일기
4 outside – 밖에서 5 fantastic – 환상적인

(B)
1 took a nap 2 favorite 3 happens 4 homework

Sentences

(A)
1 should have
2 should do
3 should go

(B)
1 It's a time to relax and have fun.
2 After school, I did lots of fun things.
3 Finally, I watched a movie.

Organizer

(A)
(1) 미국 (2) 숙제 (3) 친구
(4) 낮잠 (5) 영화

(B)
1 No 2 After 3 outside 4 fantastic

UNIT 7 — Astronaut Food

Words II

(A)
1 tasty – 맛있는 2 tube – 튜브 3 space – 우주
4 almost – 거의 5 toothpaste – 치약

(B)
1 delicious 2 past 3 add 4 astronauts

Sentences

(A)
1 It, lunchtime
2 It, May 20
3 It, hot

(B)
1 Astronauts have delicious dried food.
2 They can make spaghetti or scrambled eggs.
3 They can also grow fruits and vegetables.

Organizer

(A)
(1) 튜브 (2) 치약 (3) 건조식품
(4) 과일 (5) 채소

(B)
1 food 2 tasty 3 adding 4 grow

UNIT 8 — Baby Tooth Traditions

Words II

(A)
1 bury – 묻다 2 leave – 두고 가다 3 loose – 흔들리는
4 fairy – 요정 5 match – 연결시키다

(B)
1 pillows 2 excite 3 choose 4 soccer field

Sentences

(A)
1 Bury
2 Let's look at
3 Let's go

(B)
1 She takes them and leaves gifts.
2 In Türkiye, kids bury their teeth outside.
3 Do you want to be a soccer player?

Organizer

(A)
(1) 아래 (2) 요정 (3) 꿈
(4) 축구장 (5) 병원

(B)
1 Loose 2 put 3 gifts 4 bury

UNIT 9 — Rock, Paper, Scissors!

Words Ⅱ Ⓐ
1 mind – 마음 2 sharp – 예리한 3 choice – 선택
4 quick – 신속한 5 decision – 결정

Ⓑ
1 easily 2 bother 3 change 4 shapes

Sentences Ⓐ
1 can fold
2 can swim
3 can't(cannot) see

Ⓑ
1 You're good at making friends.
2 New things do not bother you.
3 Your choice tells something about you.

Organizer Ⓐ
(1) 마음 (2) 친구 (3) 새로운
(4) 예리 (5) 결정

Ⓑ
1 strong 2 change 3 good 4 quick

UNIT 10 — Ready, Set, Plog!

Words Ⅱ Ⓐ
1 jog – 조깅하다 2 win – 우승하다 3 trash – 쓰레기
4 glove – 장갑 5 pick up – 줍다

Ⓑ
1 plan 2 sorted 3 grab 4 tiny

Sentences Ⓐ
1 went plogging
2 go camping
3 go fishing

Ⓑ
1 Then, we sorted the trash.
2 I plan to make a team.
3 We will pick up tiny trash.

Organizer Ⓐ
(1) 가족 (2) 쓰레기 (3) 분류
(4) 월드컵 (5) 높은

Ⓑ
1 jogged 2 Next 3 join 4 trash

UNIT 11   Prices Up and Down

Words Ⅱ Ⓐ   **1** price – 가격   **2** cheap – 싼   **3** look for – 찾다
   4 common – 흔한   **5** suddenly – 갑자기

Ⓑ   **1** rare   **2** expensive   **3** remember   **4** enough

Sentences Ⓐ   **1** become expensive

2 became sleepy

3 become cheap

Ⓑ   **1** Everyone was looking for masks.

2 But stores didn't have enough masks.

3 Later, stores got more masks.

Organizer Ⓐ   (1) 마스크   (2) 올라   (3) 내려

(4) 희귀   (5) 싸짐

Ⓑ   **1** start   **2** hard   **3** prices   **4** masks

UNIT 12   Messy or Tidy?

Words Ⅱ Ⓐ   **1** tidy – 잘 정돈된   **2** former – 이전의   **3** curious – 궁금한
   4 president – 대통령   **5** creatively – 창의적으로

Ⓑ   **1** focus   **2** own   **3** messy   **4** famous

Sentences Ⓐ   **1** helped him focus

2 help my mom cook

3 help our teacher carry

Ⓑ   **1** This helped him think creatively.

2 He could make good decisions.

3 Everyone has their own style.

Organizer Ⓐ   (1) 과학자   (2) 생각   (3) 대통령

(4) 결정   (5) 방식

Ⓑ   **1** messy   **2** think   **3** decisions   **4** own

달곰한 Reading LITERACY

1 LEVEL

직독직해
Worksheet 정답

UNIT 1

A Ketchup Rule

1. Do you like / ketchup?

2. Then / don't move / to France!

3. They have / a special ketchup rule.

4. Elementary students can't have / ketchup / at lunch!

5. French people are / proud / of their food.

6. They want / their kids / to enjoy / traditional flavors.

7. But / ketchup covers up / these flavors.

8. So / kids can't have / ketchup / at lunchtime.

9. Schools still allow / ketchup / once a week!

10. Students can only have / ketchup / with their fries.

UNIT 2

Meet a LEGO Master Builder

1. Today, / I'm / here / at LEGOLAND.

2. I'm talking / to a LEGO master builder.

3. What / do master builders do?

4. We make / big LEGO models.

5. And / we design / new LEGO sets.

6. We also build / exciting things / for LEGOLAND.

7. How / can kids become / master builders?

8. Keep / building / and / be / creative.

9. Also, / try / to build / without instructions.

10. A hobby can become / a job!

UNIT 3 — Spill the Beans!

1. Long ago, / the ancient Greeks voted.
2. They had / a special way.
3. People used / beans / to vote.
4. People put / beans / into a jar.
5. White beans meant / yes. Black beans meant / no.
6. Shh... The votes were / a secret.
7. Oops! Someone knocked over / the jar.
8. The beans spilled / everywhere.
9. The secret was / out! So, / we say / "spill the beans."
10. It means / "tell a secret."

UNIT 4 — I'm a Special Dad

1. Hello! I'm / a seahorse dad.
2. I have / a unique job. I can give birth!
3. I have / a pouch / on my belly.
4. A seahorse mom lays / eggs / there.
5. I carry / them / for a month.
6. Then / they hatch / inside me.
7. The babies grow / in my pouch.
8. I feed / and / take care of / them.
9. Later, / they come out / from my pouch.
10. They swim / freely / and / have / many adventures!

pp. 60-61

UNIT 5

A Churro Mystery

1. Where / are churros / from? There are / two stories!
2. Long ago / in Spain, / shepherds wanted / snacks.
3. They fried / dough. Then / they put / sugar / on it.
4. It looked / like a Churra sheep's horns.
5. So / they called / it / a "churro"!
6. Another story is / from China.
7. People ate / *youtiao*, / a breakfast food.
8. Traders brought / the recipe / back to Europe.
9. They tried / it / with sugar. They made / churros!
10. Which story is / true?

pp. 62-63

UNIT 6

No Homework Day

1. Today is / No Homework Day!
2. It's / my favorite day.
3. No one had / homework / today.
4. This always happens / on May 6 / in the U.S.
5. It's / a time / to relax / and / have fun.
6. After school, / I did / lots of fun things.
7. First, / I played / outside / with my friends.
8. Then / I took / a short nap.
9. Finally, / I watched / a movie. Today was / fantastic.
10. We should have / more days / like this.

UNIT 7 — Astronaut Food

1. It's / lunchtime / in space!
2. What / do the astronauts eat?
3. In the past, / they ate / from tubes.
4. Food was / like toothpaste! It wasn't / tasty.
5. Now, / astronaut food is / much better.
6. Astronauts have / delicious dried food. Just add / water!
7. They can make / spaghetti / or / scrambled eggs.
8. These days, / astronauts can have / almost anything.
9. They can even have / pizza / and / hamburgers!
10. They can also grow / fruits / and / vegetables.

UNIT 8 — Baby Tooth Traditions

1. Loose baby teeth excite / kids / everywhere!
2. Let's look at / the U.S. / and / Europe.
3. Kids put / their teeth / under their pillows.
4. At night, / the Tooth Fairy visits.
5. She takes / them / and / leaves / gifts.
6. In Türkiye, / kids bury / their teeth / outside.
7. The place matches / their dreams.
8. Do you want / to be / a soccer player?
9. Bury / your teeth / in a soccer field.
10. To be a doctor, / choose / a hospital.

UNIT 9

Rock, Paper, Scissors!

1. <u>Let's play</u> / Rock, Paper, Scissors!

2. <u>Did</u> you <u>choose</u> / rock? You <u>are</u> / strong.

3. You <u>don't change</u> / your mind / easily.

4. You <u>like</u> / helping / others, / too.

5. Paper <u>can fold</u> / into many shapes. You <u>are</u> / the same.

6. You<u>'re</u> / good / at making / friends.

7. New things <u>do not bother</u> / you.

8. You <u>are</u> / sharp / and / a fast thinker.

9. You <u>can make</u> / quick decisions.

10. Your choice <u>tells</u> / something / about you.

UNIT 10

Ready, Set, Plog!

1. <u>Grab</u> / your bags / and / gloves.

2. Today, / my family <u>went</u> / plogging.

3. We <u>jogged</u> / around the city.

4. And / we <u>picked up</u> / trash.

5. Then, / we <u>sorted</u> / the trash.

6. Next year, / I <u>have</u> / a big plan.

7. I <u>will join</u> / the SpoGomi World Cup!

8. I <u>plan</u> / to make / a team.

9. We <u>will pick up</u> / tiny trash.

10. Smaller trash <u>gets</u> / more points.

UNIT 11 Prices Up and Down

1. Do you remember / the start / of COVID-19?
2. Everyone was looking for / masks.
3. But / stores didn't have / enough masks.
4. So / mask prices went up.
5. Suddenly, / even one mask became / very expensive.
6. Later, / stores got / more masks.
7. Masks became / easier / to find.
8. Then, / the prices went down. These are / market prices.
9. Imagine / a store. People want / a certain thing.
10. A rare thing will become / expensive.

UNIT 12 Messy or Tidy?

1. Are you / curious / about famous people's desks?
2. First, / look at / Albert Einstein's desk.
3. Einstein was / a scientist.
4. He had / a very messy desk.
5. This helped / him / think / creatively.
6. But / who had / a tidy desk?
7. Barack Obama did! He is / a former U.S. president.
8. His clean desk helped / him / focus.
9. So, / he could make / good decisions.
10. Everyone has / their own style.

이 글은 무엇에 관한 내용인지 고르세요.

① an interesting job

② an amazing place

③ a famous person

이 글을 읽고 대답할 수 <u>없는</u> 질문을 고르세요.

① Where are the two people talking?

② How old is the master builder?

③ What is a master builder's job?

Up전략 **근거 찾기** 글 안에서 답의 근거가 되는 문장들을 찾아 밑줄을 그으세요.

글의 밑줄 친 부분을 보고, 레고 마스터 빌더에게 필요한 능력이 <u>아닌</u> 것을 고르세요.

① 창의력　　　② 문제 해결력　　　③ 독해력

레고 마스터 빌더가 되기 위해 알맞은 노력을 하고 있는 친구를 고르세요.

요약하기 문단 중심 내용 빈칸에 쓴 내용을 영어로 쓰세요.

LEGO master builders make ______(1)______ LEGO models and ______(2)______

new sets. To be a LEGO master builder, you need to be ______(3)______ and

try to build without instructions. A hobby can become a ______(4)______.

Spill the Beans!

ancient 고대의

Greek 그리스인

vote 투표하다, 투표

bean 콩

jar 항아리

mean 의미하다

secret 비밀

knock over 쳐서 넘어뜨리다

spill 쏟아지다, 쏟다

everywhere 모든 곳에

배경지식 쌓기

투표를 통한 민주주의는 약 2500년 전 고대 그리스에서 시작되었다. 전쟁이나 법 등 나라의 중요한 사안을 투표 방식으로 결정하였다. 다만, 성인 남성만 투표할 수 있었고, 여성과 노예는 투표권이 없었다.

Long ago, the ancient Greeks voted.

They had a special way.

People used beans to vote.

People put beans into a jar.

White beans meant yes. Black beans meant no.

Shh... The votes were a secret.

Oops! Someone knocked over the jar.

The beans spilled everywhere.

The secret was out!

So, we say "spill the beans."

It means "tell a secret."

Time to spill the beans.

What's your secret?

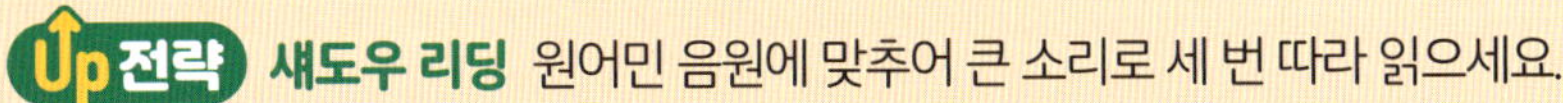

끊어 읽으면서 정확한 우리말 의미를 쓰세요.

1 Long ago, / the ancient Greeks voted.

오래전에　　/　　　　　그리스인들은

✦ **일반동사의 과거형** ~했다

2 They had / a special way.

그들은 가지고 있었다 /　　　　방법을

3 People used / beans / to vote.

사람들은 사용했다　/　　　　을　/　　　　위해

4 People put / beans / into a jar.

사람들은 　　　　 / 콩들을 /　　　　안에

5 White beans meant / yes. Black beans meant / no.

흰콩들은 　　　　　 / '예'를.　　　검은콩들은 　　　　　 / '아니요'를

6 Shh... The votes were / a secret.

쉿...　　　투표들은 ~이었다　　/ ____________

7 Oops! Someone knocked over / the jar.

이런!　　누군가가 ________________ / __________ 를

8 The beans spilled / everywhere.

콩들은 __________ / ________________

9 The secret was / out! So, / we say / "spill the beans."

________ 은 ~이었다 / 드러난! 그래서 / 우리는 ________ / '콩들을 쏟다(spill the beans)'라고

10 It means / "tell a secret."

그것은 의미한다 / '________________ '를
가리키는 말 찾기

1 Long ago, the ancient Greeks voted. They had a special way.

중심 내용 ▶ 고대 그리스인들은 특별한 방식으로 <u>(1)</u> 했 다 .

2 People used beans to vote. People put beans into a jar. White beans meant yes. Black beans meant no. Shh... The votes were a secret.

중심 내용 ▶ 사람들은 항아리에 콩을 넣었고, <u>(2)</u> 콩은 '예', <u>(3)</u> 콩은 '아니요'를 의미했다.

3 Oops! Someone knocked over the jar. The beans spilled everywhere. The secret was out! _____________, we say "spill the beans." It means "tell a secret."

중심 내용 ▶ 'spill the beans'는 <u>(4)</u> 을 말하는 것을 의미한다.

4 Time to spill the beans. What's your secret?

영어 표현 'spill the beans'의 의미를 고르세요.

① put the beans into a jar

② tell a secret

③ knock over the jar

이 글의 내용과 일치하는 것을 고르세요.

① 사람들은 투표하기 위해 항아리에 콩을 넣었다.

② 흰콩은 '아니요'를 의미했다.

③ 고대 그리스의 투표는 공개적으로 이루어졌다.

Up 전략 **근거 찾기** 글 안에서 답의 근거가 되는 문장들을 찾아 밑줄을 그으세요.

글의 빈칸에 들어갈 말로 알맞은 것을 고르세요.

① So   ② But   ③ Also

고대 그리스 투표 방법에 따라, 다음 그림의 알맞은 의미를 고르세요.

① 찬성

② 반대

③ 무효

요약하기 **문단 중심 내용 빈칸에 쓴 내용을 영어로 쓰세요.**

Ancient Greeks ______ (1) d by putting beans into a jar. ______ (2)

______ beans meant yes, and ______ (3) beans meant no. The beans spilled,

and the secret was out. So, "spill the beans" means "tell a ______ (4) ."

쉿... 비밀이야!

비밀에 관한 다양한 영어 관용 표현을 알아보아요.

let the cat out of the bag

무심코 비밀을 말해 버리다

옛날에 상인들은 돼지를 가방에 넣어 팔았는데, 일부는 돼지 대신 고양이를 넣어 사람들을 속였다고 해요. 손님이 집에 돌아가 가방을 열면 고양이가 튀어나와 사기가 드러나게 되지요. 이런 상황에서 유래한 표현이에요.

skeleton in the closet

감추고 싶은 어두운 비밀

옷장 속에 해골이 숨겨져 있는 것처럼 남에게 밝힐 수 없는 비밀로, 이것이 드러나면 그 사람의 이미지에 손상을 줄 수 있는 나쁜 일이나 당혹스러운 일을 말해요.

cover your tracks

자신의 행동이나 증거를 숨기다

옛날에 도로가 흙길이던 시절, 범죄자들은 잡히지 않으려고 발자국을 덮어 자신의 행적을 숨기곤 했어요. 이런 상황에서 유래한 표현이에요.

CHAPTER

2

SCIENCE

나는 최고의 아빠다!

HISTORY

원조가 어디예요?

WORLD

야호, 오늘은 숙제 없다!

I'm a Special Dad

읽기 전에 어휘 익히기
따라 말하면서 쓰세요.

seahorse 해마

unique 독특한

give birth 새끼를 낳다

pouch 주머니

belly 배

lay (알을) 낳다

carry 가지고 다니다

hatch 부화하다

feed 먹이를 주다

take care of 돌보다

해마는 어류에 속하며, 이름처럼 말과 닮은 머리, 몸통, 꼬리를 가지고 있다. 이들은 주로 바다 바닥의 해조류와 기타 구조물에 서식하며, 물에 떠다니거나 바닥에 기어다니는 작은 갑각류를 먹으며 생활한다.

Hello! I'm a seahorse dad.

I have a unique job.

I can give birth!

I have a pouch on my belly.

A seahorse mom lays eggs there.

I carry them for a month.

Then they hatch inside me.

The babies grow in my pouch.

I feed and take care of them.

Later, they come out from my pouch.

They swim freely and have many adventures!

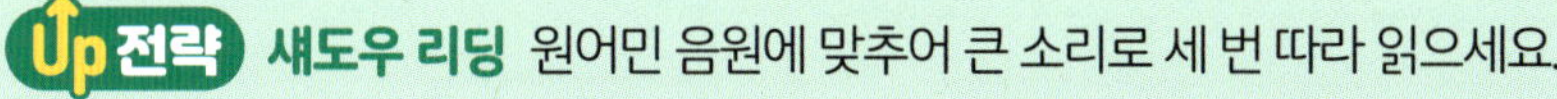 섀도우 리딩 원어민 음원에 맞추어 큰 소리로 세 번 따라 읽으세요.

끊어 읽고
문해력 Up

끊어 읽으면서 정확한 우리말 의미를 쓰세요.

1 Hello! I'm / a seahorse dad.

안녕! 나는 ~이다 /   아빠 ________

2 I have / a unique job. I can give birth!

나는 가지고 있다 / ________ 일(임무)을. 나는 ____________ 수 있다

3 I have / a pouch / on my belly.

나는 가지고 있다 / ________ 를 / 나의 ____ 에

4 A seahorse mom lays / eggs / there.

엄마 해마는 ________ / ____ 을 / 그곳에

가리키는 말 찾기 ················

5 I carry / them / for a month.

나는 ____________ / 그것들을 / ________ 동안

가리키는 말 찾기 ················

✦ for + 숫자 기간 ~ 동안

6 Then / **they** hatch / inside me.

그다음에 / **그것들**은 __________ / 내 안에서
가리키는 말 찾기 ....

7 The babies grow / in my pouch.

__________ 은 자란다 / __________ 안에서

8 I feed / and / take care of / **them**.

나는 __________ / 그리고 / __________ / **그들**을
가리키는 말 찾기 ....

9 Later, / they come out / from my pouch.

나중에 / 그들은 __________ / __________ 에서

10 They swim / freely / and / have / many adventures!

그들은 __________ / 자유롭게 / 그리고 / (경험)한다 / __________ 모험들을

1 Hello! I'm a seahorse dad. I have a unique job. I can give birth! (①)

중심 내용 아빠 <u>(1)</u> 는 새끼를 낳는 독특한 일을 한다.

2 I have a pouch on my belly. A seahorse mom lays eggs there. I carry them for a month. Then they hatch inside me. (②)

중심 내용 엄마 해마가 아빠 해마의 <u>(2)</u> 에 알을 낳으면, 알은 그 안에서 <u>(3)</u> 한 다 .

3 The babies grow in my pouch. I feed and take care of them. (③)

중심 내용 아빠 해마는 주머니 안에 있는 새끼들에게 <u>(4)</u> 를 주 며 키운 후 내보낸다.

4 They swim freely and have many adventures!

이 글은 무엇에 관한 내용인지 고르세요.

① 수컷 해마와 암컷 해마의 차이

② 해마의 특별한 서식지

③ 수컷 해마의 특별한 역할

이 글의 내용과 일치하면 T, 일치하지 않으면 F를 쓰세요.

(1) A seahorse mom has a pouch on her belly. ___________

(2) A seahorse dad carries the eggs for a week. ___________

Up전략 **근거 찾기** 글 안에서 답의 근거가 되는 문장들을 찾아 밑줄을 그으세요.

다음 문장이 들어갈 위치로 알맞은 곳을 고르세요.

> Later, they come out from my pouch.

①   ②   ③

다음 보기를 읽고, 아빠 해마와 아빠 황제펭귄의 공통적인 역할을 고르세요.

보기

번식기 동안 동물들은 부모 역할을 나누어 맡는다. 황제펭귄의 경우, 엄마 황제펭귄이 알을 낳고 먹이를 구하러 바다로 나가면, 아빠 황제펭귄은 육지에 남아 알을 따뜻하게 품어 준다.

① 알을 낳는다.

② 새끼나 알을 보호한다.

③ 먹이를 구하러 떠난다.

요약하기 문단 중심 내용 빈칸에 쓴 내용을 영어로 쓰세요.

A **(1)** __________ dad can give birth. A seahorse mom lays eggs in his **(2)** __________, and the eggs **(3)** __________ there. The seahorse dad **(4)** __________ s and cares for the babies until they can swim freely.

A Churro Mystery

**읽기 전에
어휘 익히기**
따라 말하면서 쓰세요.

churros 추로스

shepherd 양치기

fry 튀기다

dough 밀가루 반죽

horn 뿔

trader 상인

bring 가져오다

recipe 조리법

Europe 유럽

true 사실인

배경지식 쌓기

유탸오(Youtiao)는 오랫동안 중국에서 아침 식사로 먹는 길쭉한 튀긴 빵이다.
추라(Churra)는 스페인에서 유래한 양의 품종으로, 주로 우유, 고기, 양모를
생산하기 위해 사육된다.

Where are churros from?

There are two stories!

Long ago in Spain, shepherds wanted snacks.

They fried dough.

Then they put sugar on it.

It looked like a Churra sheep's horns.

So they called it a "churro"!

Another story is from China.

People ate *youtiao*, a breakfast food.

Traders brought the recipe back to Europe.

They tried it with sugar.

They made churros!

Which story is true?

Nobody knows.

 섀도우 리딩 원어민 음원에 맞추어 큰 소리로 세 번 따라 읽으세요.

끊어 읽으면서 정확한 우리말 의미를 쓰세요.

1 Where / are churros / from? There are / two stories!

__________ / 추로스는 ~인가 / ~에서 온? ~가 있다 / __________

2 Long ago / in Spain, / shepherds wanted / snacks.

오래전에 / __________ 에서 / __________ 은 원했다 / 간식들을

3 They fried / dough. Then / they put / sugar / on it.

그들은 __________ / __________ 을. 그다음에 / 그들은 얹었다 / __________ 을 / 그것 __________

4 It looked / like a Churra sheep's horns.

그것은 보였다 / 추라 __________ 의 __________ 처럼

5 So / they called / it / a "churro"!

그래서 / 그들은 __________ / 그것을 / '추로'라고

＋call＋사람/사물＋별명/호칭 ~을 …라고 부르다

6 **Another story is / from China.**

또 하나의 ________ 는 ~이다 /   중국에서 온

7 **People ate / *youtiao*, / a breakfast food.**

사람들은 ________ /   유탸오를 /   ________ 음식인

8 **Traders brought / the recipe / back / to Europe.**

상인들은 ________ /   그 조리법을 /   다시 /   ________ 으로

가리키는 말 찾기 ········

9 **They tried / it / with sugar. They made / churros!**

그들은 먹어 봤다 / 그것을 / ________ 과 함께. 그들은 ________ /   추로스를

가리키는 말 찾기 ········

10 **Which story is / true?**

어느 ________ 는 ~인가 /   ________

1 Where are churros from? There are two stories!

중심 내용 ▶ [ ][ ][ ](1) 의 기원에 관한 두 가지 이야기가 있다.

2 Long ago in Spain, shepherds wanted snacks. They fried dough. Then they put sugar on it. <u>It looked like a Churra sheep's horns. So they called it a "churro"!</u>

중심 내용 ▶ 스페인 [ ][ ][ ](2) 들이 추라 양의 [ ](3) 처럼 생긴 간식을 '추로'라고 불렀다.

3 Another story is from China. People ate *youtiao*, a breakfast food. Traders brought the recipe back to Europe. They tried it with sugar. They made churros!

중심 내용 ▶ 상인들이 중국 아침 식사인 유탸오 조리법을 [ ][ ](4) 에 가져온 후, 설탕이 더해져 추로스가 되었다.

4 Which story is true? Nobody knows.

1 중심 내용

이 글은 무엇에 관한 내용인지 고르세요.

① how to make churros
② where churros came from
③ popular snacks in Europe

2 내용 이해

이 글의 내용과 일치하면 T, 일치하지 않으면 F를 쓰세요.

(1) Shepherds in Spain baked dough for snacks. ___________

(2) Traders brought a *youtiao* recipe to Europe. ___________

Up전략 근거 찾기 글 안에서 답의 근거가 되는 문장들을 찾아 밑줄을 그으세요.

3 추론 하기

이 글을 읽고 추측할 수 있는 내용을 고르세요.

① 추로스는 스페인과 중국에서만 먹는 음식이다.
② 유럽 상인들은 교역 중에 추로스를 처음 접했다.
③ 스페인 양치기들은 간식을 직접 준비했다.

4 적용 하기

글의 밑줄 친 부분과 비슷한 사례를 알맞게 설명한 친구를 고르세요.

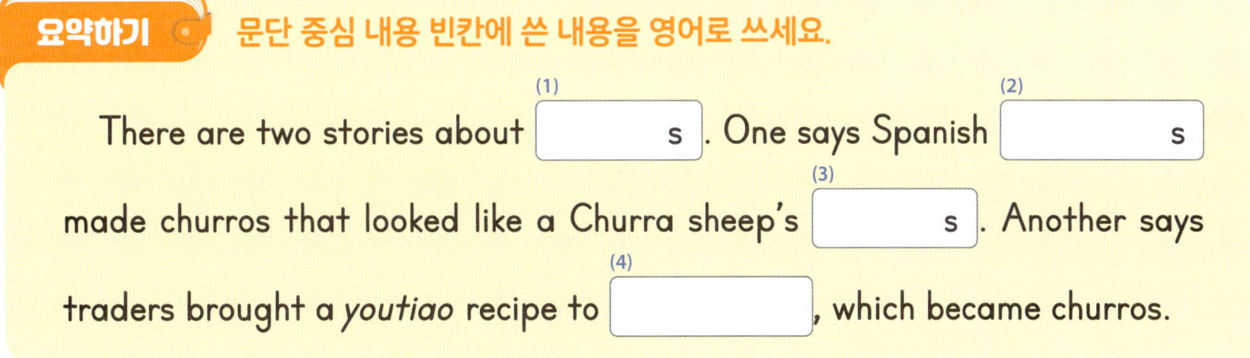

요약하기 문단 중심 내용 빈칸에 쓴 내용을 영어로 쓰세요.

There are two stories about [(1) ________]s. One says Spanish [(2) ________]s made churros that looked like a Churra sheep's [(3) ____]s. Another says traders brought a *youtiao* recipe to [(4) ________], which became churros.

No Homework Day

읽기 전에
어휘 익히기
따라 말하면서 쓰세요.

diary 일기

homework 숙제

favorite 매우 좋아하는

happen 일어나다

May 5월

relax 휴식을 취하다

outside 밖에서

take a nap 낮잠을 자다

fantastic 환상적인

more 더 많은

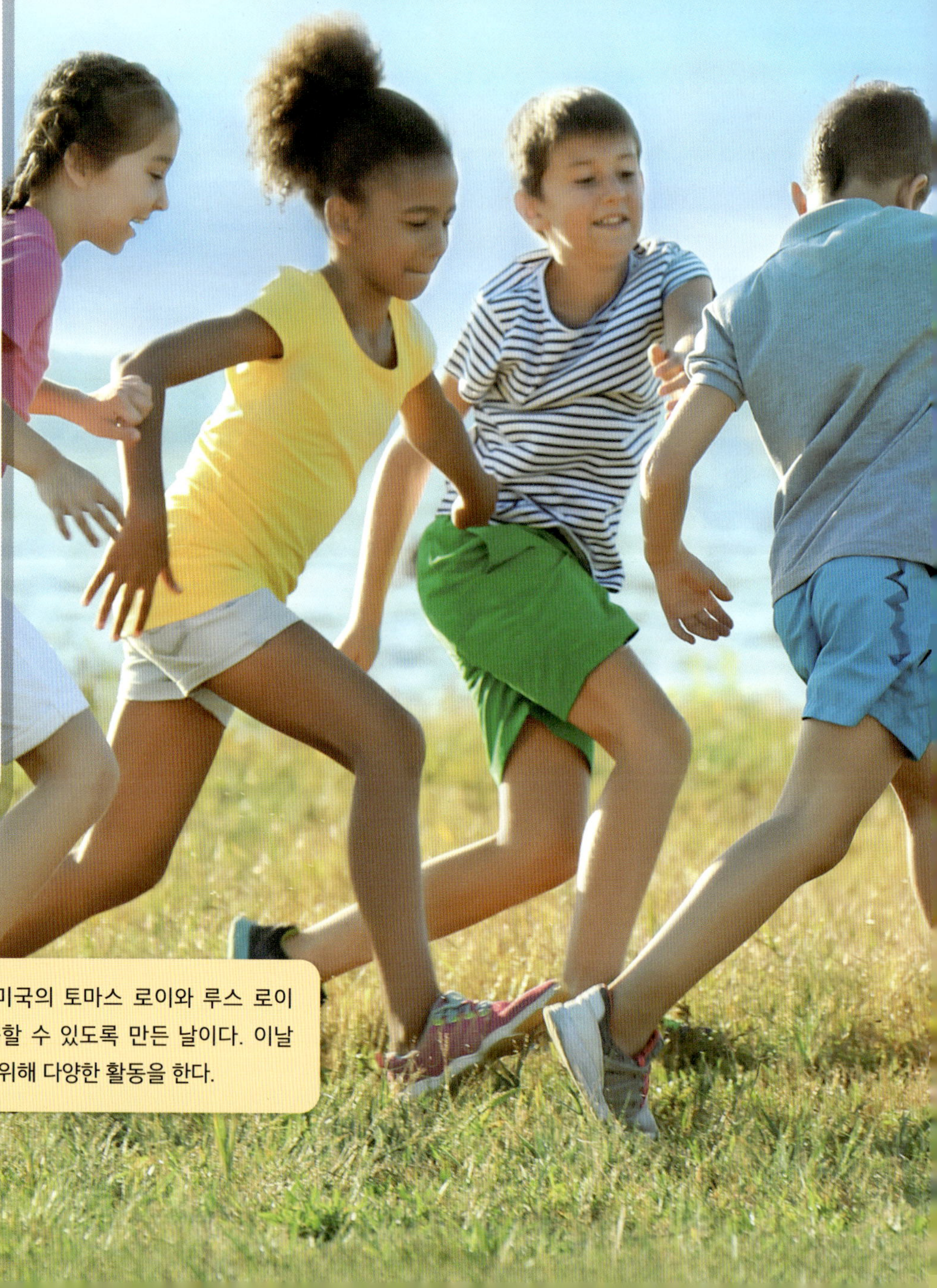

배경지식 쌓기

숙제 없는 날(No Homework Day)은 미국의 토마스 로이와 루스 로이 부부가 학생들이 숙제 외의 활동에 집중할 수 있도록 만든 날이다. 이날 학생들은 학습과 휴식의 균형을 유지하기 위해 다양한 활동을 한다.

Dear Diary,

Today is No Homework Day!
It's my favorite day.

No one had homework today.
This always happens on May 6 in the U.S.
It's a time to relax and have fun.

After school, I did lots of fun things.
First, I played outside with my friends.
Then I took a short nap.
Finally, I watched a movie.

Today was fantastic.
We should have more days like this.

끊어 읽으면서 정확한 우리말 의미를 쓰세요.

1 Today is / No Homework Day!

_______은 ~이다 / _______ 없는 날

2 It's / my favorite day.

그것은 ~이다 / 나의 _______ 날

가리키는 말 찾기 ....

3 No one had / homework / today.

아무도 가지지 않았다 / _______를 / 오늘

4 This always happens / on May 6 / in the U.S.

이것은 항상 _______ / _______ 6일에 / 미국에서

가리키는 말 찾기 ....

5 It's / a time / to relax / and / have fun.

~이다 / 시간 / _______을 취할 / 그리고 / 즐길

6 After school, / I did / lots of fun things.

_________ 에   / 나는 했다 /   _______ 재미있는 일들을

7 First, / I played / outside / with my friends.

먼저   / 나는 _______ /   _______ /   나의 _______ 과

8 **Then** / I took / a short nap.

그다음에 / 나는 가졌다(잤다) / 짧은 _______ 을

가리키는 말 찾기 ....

9 Finally, / I watched / a movie. Today was / fantastic.

마지막으로   / 나는 _______ /   _______ 를.   오늘은 ~이었다   / _______

10 We should have / more days / like **this**.

우리는 경험해야 한다   / _______ 날들을 / 이것과 같은

✦ **should + 동사원형** ~해야 한다

가리키는 말 찾기 ....

1 Dear Diary,

Today is No Homework Day! It's my favorite day.

중심 내용 ▶ 오늘은 [(1)　|　] 없는 날이다.

2 No one had homework today. This always happens on May 6 in the U.S. It's a time to relax and have fun.

중심 내용 ▶ 미국에서는 매년 [(2)　|　] 6일에 숙제가 없어서 [(3)　|　| 을 | 취 | 하 | 며] 즐긴다.

3 After school, I did lots of fun things. ____ⓐ____, I played outside with my friends. ____ⓑ____ I took a short nap. ____ⓒ____, I watched a movie.

중심 내용 ▶ 나는 방과 후에 친구들과 놀고, [(4)　|　] 을 자고, 영화를 봤다.

4 Today was fantastic. We should have more days like this.

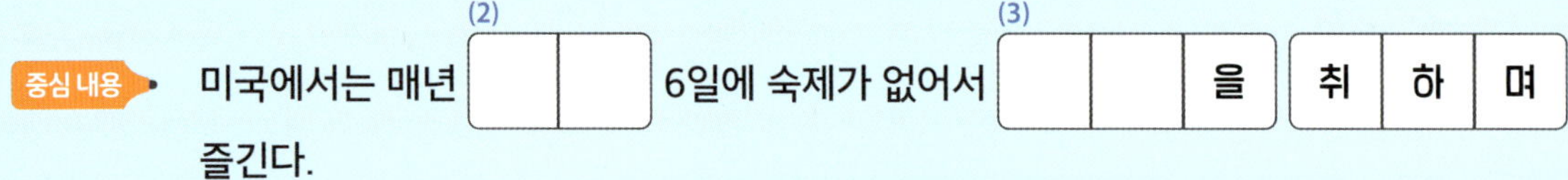

이 글은 무엇에 관한 내용인지 고르세요.

① 미국의 인기 있는 방과 후 활동

② 숙제 스트레스를 줄이는 방법

③ 미국 학교들의 특별한 날

이 글의 내용과 일치하지 <u>않는</u> 것을 고르세요.

① I like No Homework Day very much.

② No Homework Day is on May 6.

③ I didn't go to school today.

Up전략 근거 찾기 글 안에서 답의 근거가 되는 문장들을 찾아 밑줄을 그으세요.

글의 빈칸 ⓐ~ⓒ에 들어갈 알맞은 단어를 보기에서 골라 쓰세요.

보기
Then　　　　　Finally　　　　　First

ⓐ ___________________　　ⓑ ___________________　　ⓒ ___________________

숙제 없는 날의 일과표 중 빈칸에 들어갈 활동으로 알맞지 <u>않은</u> 것을 고르세요.

TIMETABLE	
9:00-1:30	학교
1:30-3:00	친구와 공원에서 놀기
3:00-5:00	
5:00-7:00	가족과 함께 보드게임 하기

① 축구 연습하기

② 독서하기

③ 수학익힘책 과제 하기

요약하기 문단 중심 내용 빈칸에 쓴 내용을 영어로 쓰세요.

Today is No [(1)＿＿＿＿] Day. In the U.S., [(2)＿＿＿＿] 6th is a day to

[(3)＿＿＿＿] and have fun. After school, I played outside with my friends,

took a [(4)＿＿＿＿], and watched a movie. It was a fantastic day.

숙제는 정말 필요할까?

숙제에 관한 나의 생각이나 경험을 이야기해 보아요.

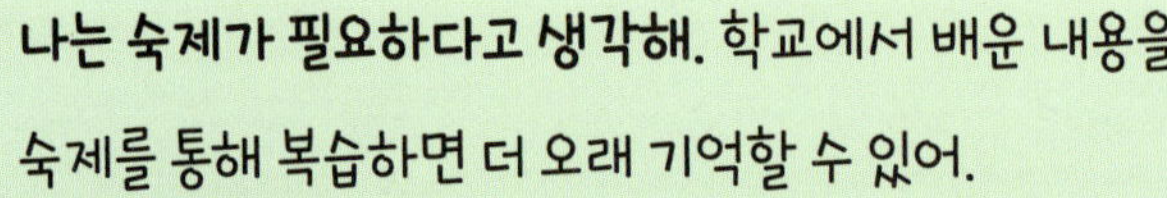

나는

3

7

TECHNOLOGY

우주에서 이것도 먹는다고?

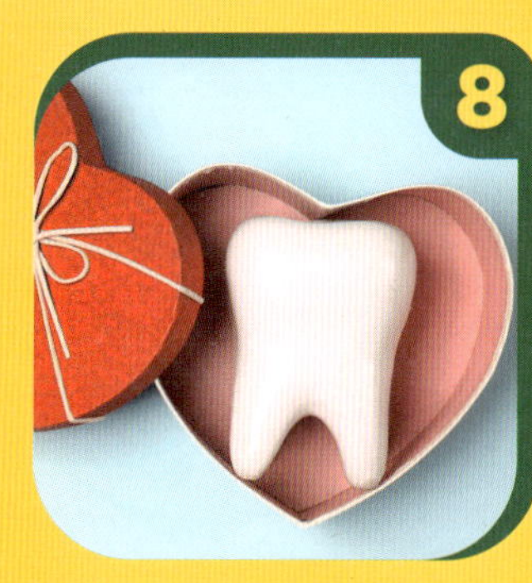

8

CULTURE

흔들흔들! 이가 빠졌어!

9

PSYCHOLOGY

가위바위보! 너 뭐 냈어?

Astronaut Food

**읽기 전에
어휘 익히기**
따라 말하면서 쓰세요.

space 우주

astronaut 우주 비행사

past 과거

tube 튜브

toothpaste 치약

tasty 맛있는

delicious 아주 맛있는

dried food 건조식품

add 추가하다

almost 거의

배경지식 쌓기

초기 우주여행에서는 무중력 상태에서 음식이 떠다니지 않게 하고, 식품의
장기 저장과 준비 문제를 해결하는 데 어려움이 있었다. 과학자들은 특수
용기에 음식을 담거나 동결 건조식품을 개발해 이 문제를 해결했다.

It's lunchtime in space!
What do the astronauts eat?

In the past, they ate from tubes.
Food was like toothpaste!
It wasn't tasty.

Now, astronaut food is much better.
Astronauts have delicious dried food.
Just add water!
They can make spaghetti or scrambled eggs.

These days, astronauts can have almost anything.
They can even have pizza and hamburgers!
They can also grow fruits and vegetables.
Enjoy your meal, astronauts!

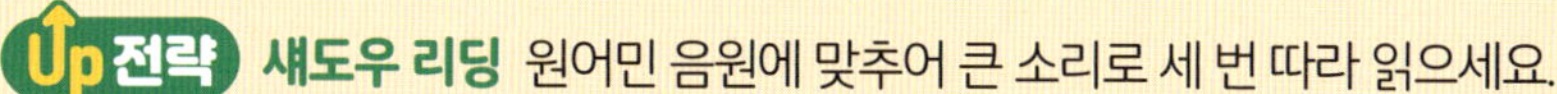

끊어 읽으면서 정확한 우리말 의미를 쓰세요.

1 It's / lunchtime / in space!

~이다 / 점심시간 / ___________에서

✦비인칭 주어 it

2 What / do the astronauts eat?

무엇을 / ___________________은 먹는가

3 In the past, / they ate / from tubes.

___________에 / 그들은 먹었다 / ___________에서

가리키는 말 찾기 ....

4 Food was / like toothpaste! It wasn't / tasty.

음식은 ~이었다 / ___________같은! 그것은 ~이 아니었다 / ___________

가리키는 말 찾기 ....

5 Now, / astronaut food is / much better.

이제 / 우주 식품은 ~이다 / 훨씬 ___________

6 Astronauts have / delicious dried food. Just add / water!

우주 비행사들은 먹는다 / 아주 맛있는 ________ 을. 그저 ________ / 물을

7 They can make / spaghetti / or / scrambled eggs.

그들은 ________ 수 있다 / ________ 를 / 또는 / 스크램블드에그를

가리키는 말 찾기 ________

8 These days, / astronauts can have / almost anything.

요즘에는 / ________ 수 있다 / ________ 무엇이든

9 They can even have / pizza / and / hamburgers!

그들은 먹을 수도 있다 / ________ 를 / 그리고 / ________ 을

가리키는 말 찾기 ________

10 They can also grow / fruits / and / vegetables.

그들은 또한 재배할 수 있다 / ________ 을 / 그리고 / ________ 을

1 It's lunchtime in space! What do the astronauts eat?

2 In the past, they ate from tubes. Food was like toothpaste! It wasn't tasty.

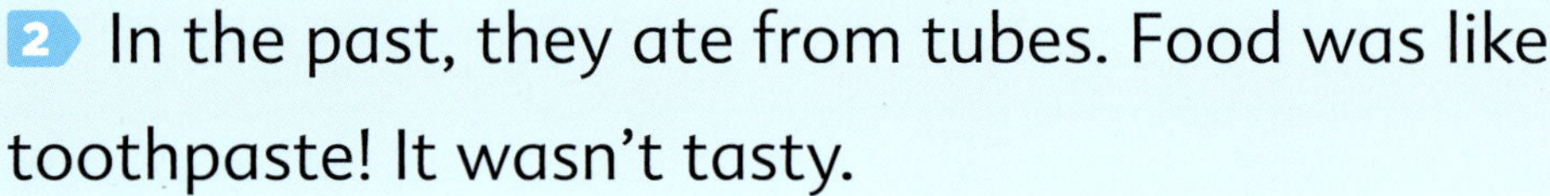

중심 내용 ▶ 과거에 ⁽¹⁾[　][　]　[　][　][　] 들 은 맛없는 튜브에 담긴 음식을 먹었다.

3 <u>Now, astronaut food is much better.</u> Astronauts have delicious dried food. Just add water! They can make spaghetti or scrambled eggs.

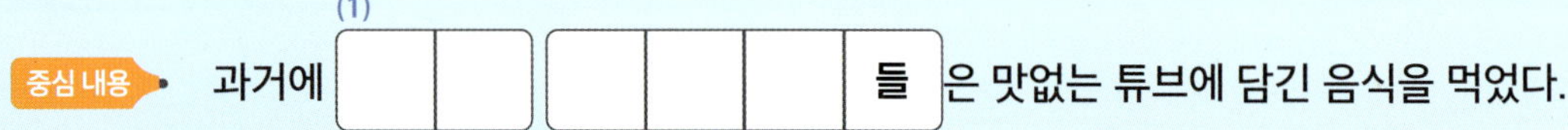

중심 내용 ▶ 이제 우주 비행사들은 ⁽²⁾[　]을 추가해 ⁽³⁾[　][　] 식품을 맛있게 먹을 수 있다.

4 These days, astronauts can have almost anything. They can even have pizza and hamburgers! They can also grow fruits and vegetables. Enjoy your meal, astronauts!

중심 내용 ▶ 요즘 우주 비행사들은 거의 모든 음식을 먹으며,

과일과 ⁽⁴⁾[　][　] 를 재배할 수도 있다.

1 이 글은 무엇에 관한 내용인지 고르세요.

중심
내용

① 우주 식사를 위한 특수 용기

② 우주에서의 식물 재배 기술

③ 우주 비행사들의 우주 식품

2 우주 비행사들이 과거에 먹던 음식을 고르세요.

내용
이해

① toothpaste-like food

② pizza and hamburgers

③ fresh fruits and vegetables

Up전략 **근거 찾기** 글 안에서 답의 근거가 되는 문장들을 찾아 밑줄을 그으세요.

3 글의 밑줄 친 부분의 근거로 알맞은 것을 고르세요.

추론
하기

① 우주 비행사들이 요리를 배운다.

② 먹을 수 있는 음식의 종류가 더 많아졌다.

③ 우주 비행사들이 지구와 더 가까운 곳에서 일한다.

4 두 단어의 관계가 나머지와 <u>다른</u> 것을 고르세요.

어휘
관계

① food – meal

② past – future

③ tasty – delicious

요약하기 문단 중심 내용 빈칸에 쓴 내용을 영어로 쓰세요.

In the past, (1) [______] s ate food from tubes. Now, they can enjoy

tasty meals by adding (2) [______] to (3) [______] food. Astronauts can

also have pizza and hamburgers, and grow fruits and (4) [______] s .

Baby Tooth Traditions

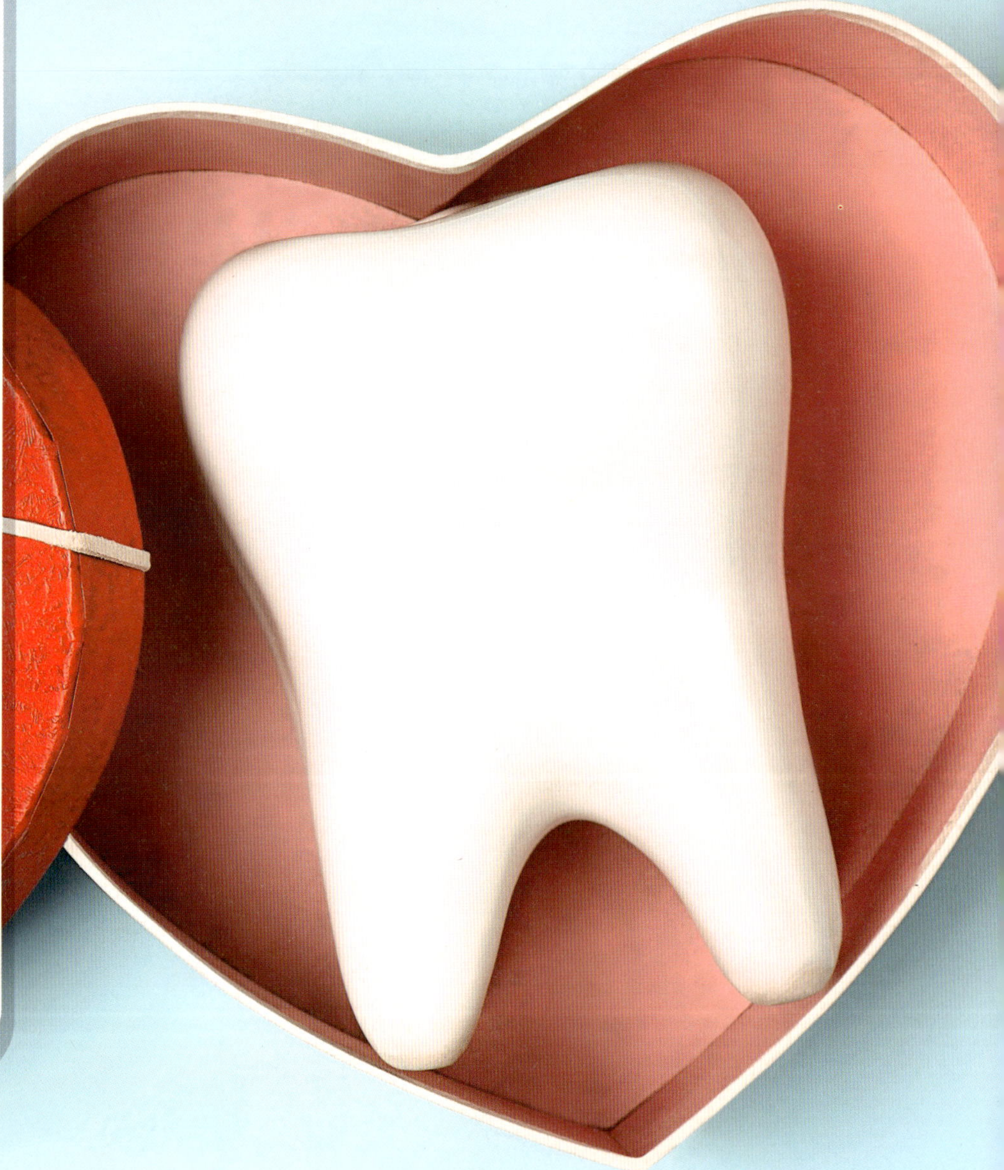

읽기 전에
어휘 익히기
따라 말하면서 쓰세요.

loose 흔들리는

excite 신나게 하다

pillow 베개

fairy 요정

leave 두고 가다

bury 묻다

match 연결시키다

soccer field 축구장

choose 선택하다

hospital 병원

배경지식 쌓기

한국에서는 아이들이 빠진 이를 지붕 위로 던지는 풍습이 있다. 아이들이 이를 던지며 "까치야, 까치야, 헌 이 줄게, 새 이 다오"라고 노래를 부르면, 까치가 빠진 이를 가져가고 새롭고 튼튼한 이를 가져다준다고 믿는다.

Wiggle, wiggle!
Loose baby teeth excite kids everywhere!

Let's look at the U.S. and Europe.
Kids put their teeth under their pillows.
At night, the Tooth Fairy visits.
She takes them and leaves gifts.

In Türkiye, kids bury their teeth outside.
The place matches their dreams.
Do you want to be a soccer player?
Bury your teeth in a soccer field.
To be a doctor, choose a hospital.

Interesting, right?

＊ Türkiye: 튀르키예(구 터키)

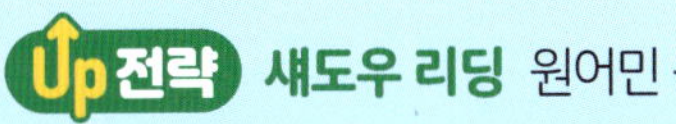 샤도우 리딩 원어민 음원에 맞추어 큰 소리로 세 번 따라 읽으세요.

끊어 읽으면서 정확한 우리말 의미를 쓰세요.

1 Loose baby teeth excite / kids / everywhere!

_________ 젖니들은 신나게 한다 / 아이들을 / _________

2 Let's look at / the U.S. / and / Europe.

살펴보자 / _____ 을 / 그리고 / _____ 을

＋ **let's 제안문** ~하자

3 Kids put / their teeth / under their pillows.

아이들은 _________ / 그들의 이들을 / 그들의 _____ 아래에

가리키는 말 찾기 _________

4 At night, / the Tooth Fairy visits.

_____ 에 / 이의 _____ 은 방문한다

5 She takes / them / and / leaves / gifts.

그녀는 가지고 간다 / 그것들을 / 그리고 / _________ / _____ 을

가리키는 말 찾기

6 In Türkiye, / kids bury / their teeth / outside.

튀르키예에서 / 아이들은 __________ / 그들의 이들을 / __________

7 The place matches / their dreams.

그 장소는 __________ / 그들의 _____ 을

가리키는 말 찾기

8 Do you want / to be / a soccer player?

너는 원하는가 / 되는 것을 / __________ 가

9 Bury / your teeth / in a soccer field.

_______ / 너의 이들을 / __________ 에

✦ **명령문** ~해라

10 To be a doctor, / choose / a hospital.

__________ 가 되기 위해 / 선택해라 / __________ 을

1 Wiggle, wiggle! Loose baby teeth excite kids everywhere!

중심 내용 ▶ 흔들리는 젖니는 전 세계 어디서나 아이들을 [ ][ ][ ] 한 다 .

2 Let's look at the U.S. and Europe. Kids put their teeth under their pillows. At night, the Tooth Fairy visits. She takes them and leaves gifts.

중심 내용 ▶ 미국과 유럽에서는 아이들이 [ ] 아래에 이를 두면, 이의 [ ] 이 이를 가져가고 선물을 두고 간다.

3 In Türkiye, kids bury their teeth outside. The place matches their dreams. Do you want to be a soccer player? Bury your teeth in a soccer field. To be a doctor, choose a hospital.

중심 내용 ▶ 튀르키예 아이들은 자신의 [ ] 과 관련된 장소에 이를 묻는다.

4 Interesting, right?

1 이 글의 중심 내용을 고르세요.

중심 내용

① 빠진 젖니와 관련된 전통은 나라마다 다르다.

② 젖니가 빠지는 시기는 아이마다 차이가 있다.

③ 치아 관리는 어릴 때부터 해야 한다.

2 이 글의 내용과 일치하면 T, 일치하지 않으면 F를 쓰세요.

내용 이해

(1) In the U.S., kids put their teeth under their pillows. ___________

(2) In Türkiye, kids keep their teeth in a hospital. ___________

Up전략 **근거 찾기** 글 안에서 답의 근거가 되는 문장들을 찾아 밑줄을 그으세요.

3 이 글을 읽고 추측할 수 <u>없는</u> 내용을 고르세요.

추론 하기

① 미국과 유럽은 서로 다른 젖니 풍습을 가지고 있다.

② 빠진 이를 베개 밑에 두는 아이는 요정의 존재를 믿을 것이다.

③ 튀르키예 아이들은 꿈을 이루기 위해 특별한 전통을 따른다.

4 다음 **보기**를 읽고, 튀르키예 전통에 따라 이를 묻을 장소를 고르세요.

적용 하기

> **보기**
>
> I want to be a teacher.

①
②
③

요약하기 문단 중심 내용 빈칸에 쓴 내용을 영어로 쓰세요.

Loose baby teeth ______(1)______ kids! In the U.S. and Europe, kids put their teeth under their ______(2)______ s to get gifts from the Tooth ______(3)______ .

In Türkiye, kids bury their teeth in a place that matches their ______(4)______ s .

읽기 전에
어휘 익히기
따라 말하면서 쓰세요.

Rock, Paper, Scissors!

change 바꾸다

mind 마음

easily 쉽게

fold into ~으로 접다

shape 모양

bother 신경 쓰이게 하다

sharp 예리한

quick 신속한

decision 결정

choice 선택

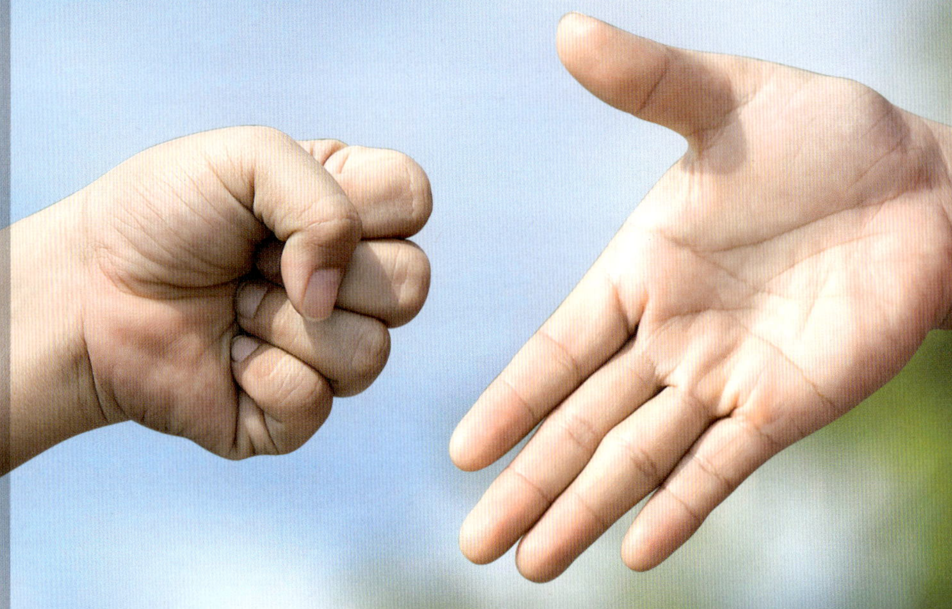

배경지식 쌓기

심리학자들은 사람들의 의사 결정과 전략적 사고를 연구할 때 종종 가위바위보 게임을 사용한다. 그러나 이 게임만으로는 사람의 성격을 정확하게 설명할 수 없으므로, 그 결과를 과학적 사실보다는 단순한 재미로 받아들여야 한다.

Let's play Rock, Paper, Scissors!

Did you choose rock?

You are strong.

You don't change your mind easily.

You like helping others, too.

Paper can fold into many shapes.

You are the same.

You're good at making friends.

New things do not bother you.

What about scissors?

You are sharp and a fast thinker.

You can make quick decisions.

Your choice tells something about you.

Ready? Rock, Paper, Scissors!

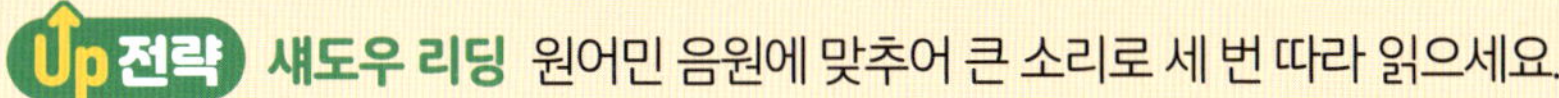

끊어 읽으면서 정확한 우리말 의미를 쓰세요.

1 Let's play / Rock, Paper, Scissors!

(게임을) 하자 / ___________를

2 Did you choose / rock? You are / strong.

너는 ___________ / 바위를?   너는 ~이다 / ___________

3 You don't change / your mind / easily.

너는 바꾸지 않는다 / 너의 ___________을 / ___________

4 You like / helping / others, / too.

너는 ___________ / ___________ / 다른 사람들을 / 또한

5 Paper can fold / into many shapes. You are / the same.

___________는 접을 수 있다 / 많은 ___________로.   너는 ~이다 / 같은 것

✚ can ✚ 동사원형 ~할 수 있다

6 You're / good / at making / friends.

너는 ~이다 / _________ / 만드는(사귀는) 것을 / _________ 을

7 New things do not bother / you.

새로운 것들은 _________________ / 너를

8 You are / sharp / and / a fast thinker.

너는 ~이다 / _________ / 그리고 / 생각이 빠른 사람

9 You can make / quick decisions.

너는 할 수 있다 / _________ 을

10 Your choice tells / something / about you.

너의 _____ 은 말해 준다 / 무언가를 / _____ 에 관해

1 Let's play Rock, Paper, Scissors! Did you choose rock?
You are strong. You don't change your mind easily.
You like helping others, too.

중심 내용 ▶ 가위바위보에서 [(1)]를 선택한 사람은 강하고 [(2)]을 쉽게 바꾸지 않는다.

2 Paper can fold into many shapes. You are the same.
You're good at making friends. <u>New things do not bother you.</u>

중심 내용 ▶ 보를 선택한 사람은 [(3)]를 잘 사귀고, 새로운 것에 잘 적응한다.

3 What about scissors? You are sharp and a fast thinker.
You can make quick decisions.

중심 내용 ▶ 가위를 선택한 사람은 예리하며, 신속한 [(4)]을 한다.

4 Your choice tells something about you.
Ready? Rock, Paper, Scissors!

1 중심내용

이 글에서 가위바위보 게임을 통해 설명하는 내용을 고르세요.

① friends' secrets
② rules of the game
③ your personality

2 내용이해

가위를 선택한 사람의 성격을 고르세요.

① helpful　　　　② sharp　　　　③ friendly

Up전략 근거 찾기 글 안에서 답의 근거가 되는 문장들을 찾아 밑줄을 그으세요.

3 추론하기

글의 밑줄 친 부분을 보고, 추측할 수 있는 보를 선택한 사람의 성격을 고르세요.

① 새로운 장소보다는 익숙한 장소를 선호한다.
② 규칙이 바뀌거나 새로운 규칙이 생기면 당황한다.
③ 처음 만난 사람들과 쉽게 친해진다.

4 적용하기

다음 **보기**를 읽고, 은수는 가위, 바위, 보 중 어떤 선택을 할지 고르세요.

┤ **보기** ├

은수는 새로운 규칙이나 환경을 빠르게 받아들이지 못하며, 적응하는데 시간이 걸린다. 그러나 일단 결정을 내리면 그 결심을 쉽게 바꾸지 않는 성격이다.

①　　　　　②　　　　　③

요약하기 문단 중심 내용 빈칸에 쓴 내용을 영어로 쓰세요.

(1) [   ] means you are strong and don't change your (2) [   ] easily. Paper means you are good at making (3) [   ]s. Scissors show you are sharp and can make quick (4) [   ]s.

밖에 나가서 놀자!

바깥 놀이에서 사용하는 다양한 영어 표현을 알아보아요.

hide-and-seek

숨바꼭질

Ready or not, here I come!
준비가 됐든 안 됐든 나는 찾으러 간다!

Let's switch roles!
우리 역할을 바꾸자!

I found you!
찾았다!

Tag, you're it!
잡았다, 네 차례야!

hopscotch

사방치기

Don't touch the lines!
선에 닿으면 안 돼!

Hop on one foot.
한 발로 뛰어.

Keep your balance!
균형을 잡아!

I made it!
다 왔다!

CHAPTER

4

10

ENVIRONMENT

뛰고 줍고, 뛰고 줍고!

11

MONEY

마스크가 왜 이렇게 비싸?

12

PEOPLE

지저분한 게 뭐가 문제야?

Ready, Set, Plog!

**읽기 전에
어휘 익히기**
따라 말하면서 쓰세요.

MP3

grab 붙잡다

glove 장갑

jog 조깅하다

pick up 줍다

trash 쓰레기

sort 분류하다

plan 계획, 계획하다

join 참가하다

tiny 아주 작은

win 우승하다

배경지식 쌓기

플로깅(plogging)은 스웨덴어 plocka upp(줍다)과 영어 jogging(조깅)의
합성어로, 조깅하면서 쓰레기를 줍는 활동을 뜻한다. 우리말로는 '줍깅(줍다+
조깅)' 또는 '쓰담(쓰레기 담아) 달리기'라고도 한다.

Grab your bags and gloves. Let's go!

Today, my family went plogging.

We jogged around the city.

And we picked up trash.

Then, we sorted the trash.

It was a great time!

Next year, I have a big plan.

I will join the SpoGomi World Cup!

I plan to make a team.

We will pick up tiny trash.

Smaller trash gets more points.

Our team will win.

I can't wait!

✦ SpoGomi World Cup: 스포고미(쓰레기 줍기) 월드컵

섀도우 리딩 원어민 음원에 맞추어 큰 소리로 세 번 따라 읽으세요.

끊어 읽으면서 정확한 우리말 의미를 쓰세요.

1 Grab / your bags / and / gloves.

_________ / 너의 가방들을 / 그리고 / _______을

2 Today, / my family went / plogging.

오늘 / _______은 갔다 / ______하러

✦ go + 동사원형-ing ~하러 가다

3 We jogged / around the city.

우리는 _______ / 도시 주위에

가리키는 말 찾기 ⋯⋯⋯⋯⋯

4 And / we picked up / trash.

그리고 / 우리는 ______ / ______를

5 Then, / we sorted / the trash.

그다음에 / 우리는 _______ / 쓰레기를

가리키는 말 찾기 ⋯⋯⋯⋯⋯

6 Next year, / I have / a big plan.

__________ / 나는 가지고 있다 / 큰 __________ 을

7 I will join / the SpoGomi World Cup!

나는 __________ / SpoGomi 월드컵에

8 I plan / to make / a team.

나는 __________ / __________ 것을 / 팀을

9 We will pick up / tiny trash.

우리는 주울 것이다 / __________ 쓰레기를

가리키는 말 찾기 __________

10 Smaller trash gets / more points.

__________ 는 얻는다 / __________ 점수들을

1 Grab your bags and gloves. Let's go!

2 Today, my family went plogging. We jogged around the city. And we picked up trash. Then, we sorted the trash. It was a great time!

중심 내용 ▶ 오늘 나는 가족과 (1)□□□을 하러 가서 (2)□□□를 줍고 분류했다.

3 Next year, I have a big plan. I will join the SpoGomi World Cup! I plan to make a team. We will pick up tiny trash. Smaller trash gets more points. Our team will win. I can't wait!

중심 내용 ▶ 나는 내년에 SpoGomi 월드컵에 참가해서 (3)아 주 □□ 쓰레기를 주워

더 높은 (4)□□를 얻을 것이다.

1 중심 내용 이 글은 무엇에 관한 내용인지 고르세요.

① a family picnic

② a cleaning activity

③ a sports game

2 내용 이해 이 글을 읽고 대답할 수 <u>없는</u> 질문을 고르세요.

① 글쓴이는 오늘 가족과 무엇을 했는가?

② 글쓴이는 내년에 어떤 계획이 있는가?

③ SpoGomi 월드컵은 어디에서 열리는가?

Up 전략 **근거 찾기** 글 안에서 답의 근거가 되는 문장들을 찾아 밑줄을 그으세요.

3 추론 하기 이 글을 읽고 추측할 수 있는 내용을 고르세요.

① 글쓴이는 주말마다 플로깅하는 것을 즐긴다.

② 글쓴이는 플로깅 후에 재활용 쓰레기를 분리 배출했다.

③ 글쓴이는 가족과 팀을 이루어 SpoGomi 월드컵에 나갈 것이다.

4 적용 하기 SpoGomi 월드컵에서 점수가 높은 쓰레기의 순서대로 번호를 쓰세요.

ⓐ a plastic bottle　　(　)

ⓑ a tin can　　(　)

ⓒ broken glass　　(　)

요약하기 문단 중심 내용 빈칸에 쓴 내용을 영어로 쓰세요.

Today, my family went ___(1)___. We jogged around the city, picked up ___(2)___, and sorted it. Next year, I plan to join the SpoGomi World Cup and pick up ___(3)___ trash for more ___(4)___ s .

Prices Up and Down

읽기 전에
어휘 익히기
따라 말하면서 쓰세요.

remember 기억하다

look for 찾다

enough 충분한

price 가격

suddenly 갑자기

expensive 비싼

certain 어떤

rare 희귀한

common 흔한

cheap 싼

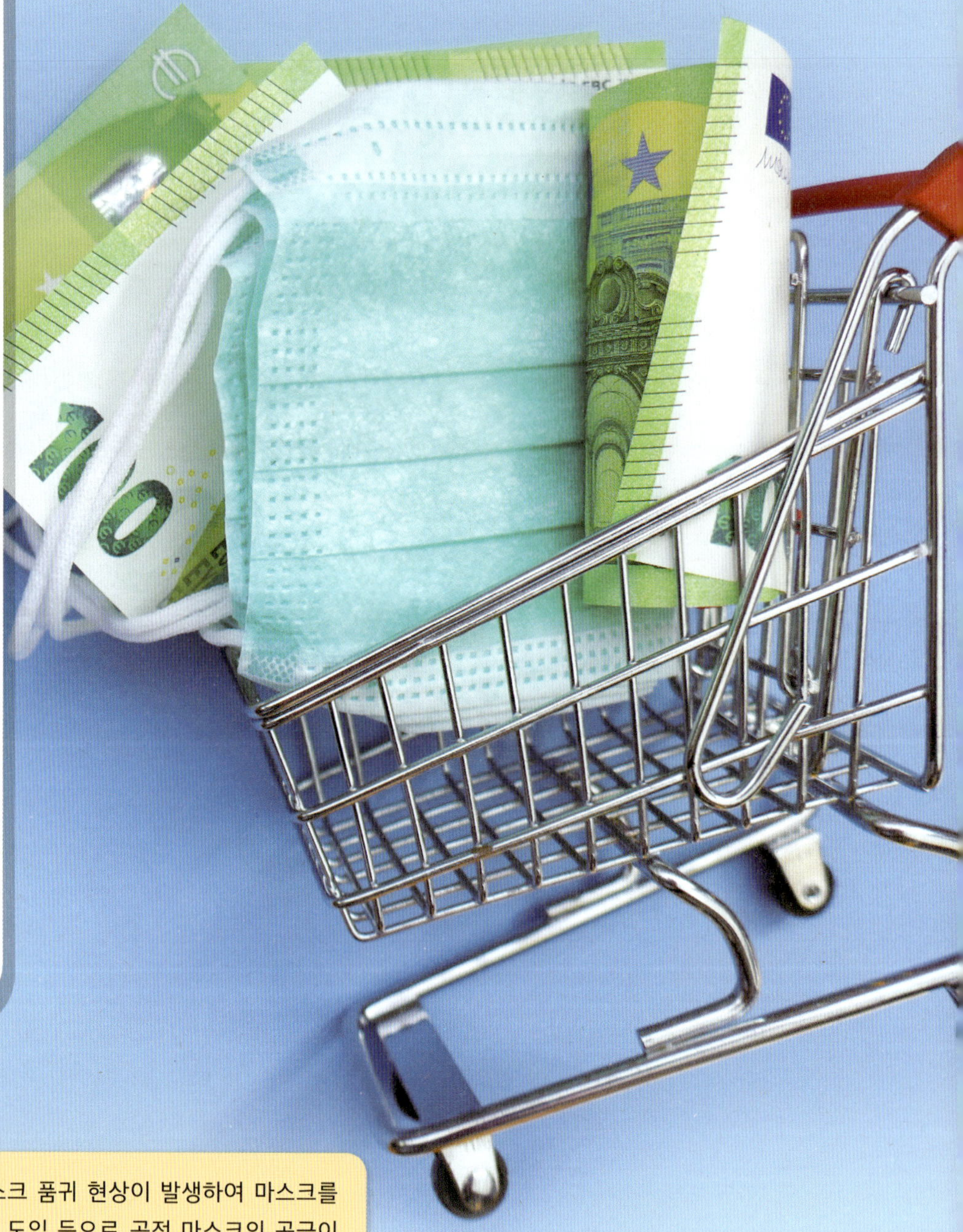

배경지식 쌓기

코로나19 대유행 초기, 한국에서는 마스크 품귀 현상이 발생하여 마스크를 구하기 어려웠다. 하지만 마스크 5부제 도입 등으로 공적 마스크의 공급이 원활해지면서 약국에서 쉽게 살 수 있을 정도로 마스크 수급이 정상화되었다.

Do you remember the start of COVID-19?

Everyone was looking for masks.

But stores didn't have enough masks.

So mask prices went up.

Suddenly, even one mask became very expensive.

Later, stores got more masks.

Masks became easier to find.

Then, the prices went down.

These are market prices.

Imagine a store. People want a certain thing.

A rare thing will become expensive.

But a common thing will become cheap.

✦ COVID-19: 코로나19

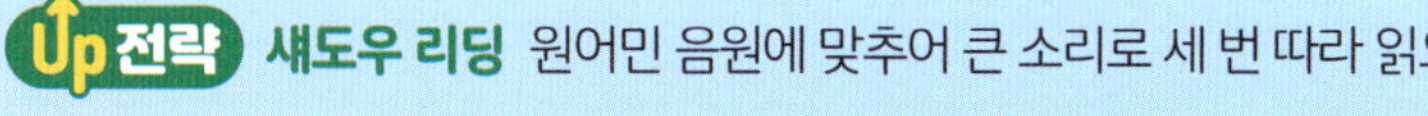

끊어 읽으면서 정확한 우리말 의미를 쓰세요.

1 **Do you remember / the start / of COVID-19?**

너는 ___________ / 시작을 / 코로나19의

2 **Everyone was looking for / masks.**

모든 사람은 ___________ / 마스크들을

3 **But / stores didn't have / enough masks.**

그러나 / 가게들은 ___________ / ___________ 마스크들을

4 **So / mask prices went up.**

그래서 / 마스크 ___________ 은 올라갔다

5 **Suddenly, / even one mask became / very expensive.**

___________ / 마스크 한 개조차 ___________ / 매우 비싸게

✦ become + 형용사 ~하게 되다

6 Later, / stores got / more masks.

나중에   /   가게들은 구했다   /   ＿＿＿＿＿＿을

7 Masks became / easier / to find.

마스크들은 되었다   /   더 ＿＿＿＿   /   찾기에

8 Then, / the prices went down. These are / market prices.

그다음에   /   가격들은 ＿＿＿＿＿.   이것들은 ~이다   /   ＿＿＿＿＿

가리키는 말 찾기

9 Imagine / a store. People want / a certain thing.

상상해 봐라   /   한 가게를.   ＿＿＿＿＿   /   ＿＿＿것을

10 A rare thing will become / expensive.

＿＿＿＿것은 될 것이다   /   ＿＿＿＿＿

1 Do you remember the start of COVID-19? Everyone was looking for masks. But stores didn't have enough masks. So mask prices went up. Suddenly, even one mask became very expensive.

중심 내용 ▸ 코로나19 초기, 마스크가 충분하지 않자 ⁽¹⁾☐☐이 올라갔다.

2 Later, stores got more masks. Masks became easier to find. Then, the prices went down.

중심 내용 ▸ 가게에 ⁽²⁾더 ☐☐ 마스크가 들어와 구하기 쉬워지자, 가격은 내려갔다.

3 These are market prices. Imagine a store. People want a certain thing. A rare thing will become expensive. But a common thing will become cheap.

중심 내용 ▸ ⁽³⁾☐☐ 가격이란 사람들이 원하는 물건이 희귀하면 ⁽⁴⁾☐ 지 고 , 흔하면 싸지는 것이다.

1 중심 내용

이 글은 무엇에 관한 내용인지 고르세요.

① different kinds of markets

② how to wear masks

③ why prices change

2 내용 이해

이 글의 내용과 일치하는 것을 고르세요.

① 코로나19 초기, 마스크는 모든 사람들에게 충분했다.

② 마스크가 흔해지자, 마스크 가격이 올라갔다.

③ 사람들이 원하는 물건은 희귀할수록 비싸진다.

Up전략 근거 찾기 글 안에서 답의 근거가 되는 문장들을 찾아 밑줄을 그으세요.

3 적용 하기

시장 가격의 원리에 따라 알맞은 말을 괄호 안에서 고르세요.

얼마 전 캐릭터 빵의 인기가 급상승하여 구하기가 어려워졌다. 그래서 일부 사람들은 (1) (높은 / 낮은) 가격에 그 빵을 구매했다. 그러나 빵의 생산량이 증가하자, 빵의 가격이 다시 (2) (올라갔다 / 내려갔다).

4 어휘 관계

두 단어의 관계가 나머지와 <u>다른</u> 것을 고르세요.

① find – look for

② rare – common

③ expensive – cheap

요약하기 문단 중심 내용 빈칸에 쓴 내용을 영어로 쓰세요.

At the start of COVID-19, masks were hard to find and their ____(1)____ s rose. When we could get ____(2)____ masks, their prices fell. These are ____(3)____ prices: rare things are ____(4)____ , common things are cheap.

Messy or Tidy?

읽기 전에
어휘 익히기
따라 말하면서 쓰세요.

curious 궁금한

famous 유명한

scientist 과학자

messy 지저분한

creatively 창의적으로

tidy 잘 정돈된

former 이전의

president 대통령

focus 집중하다

own 자신의

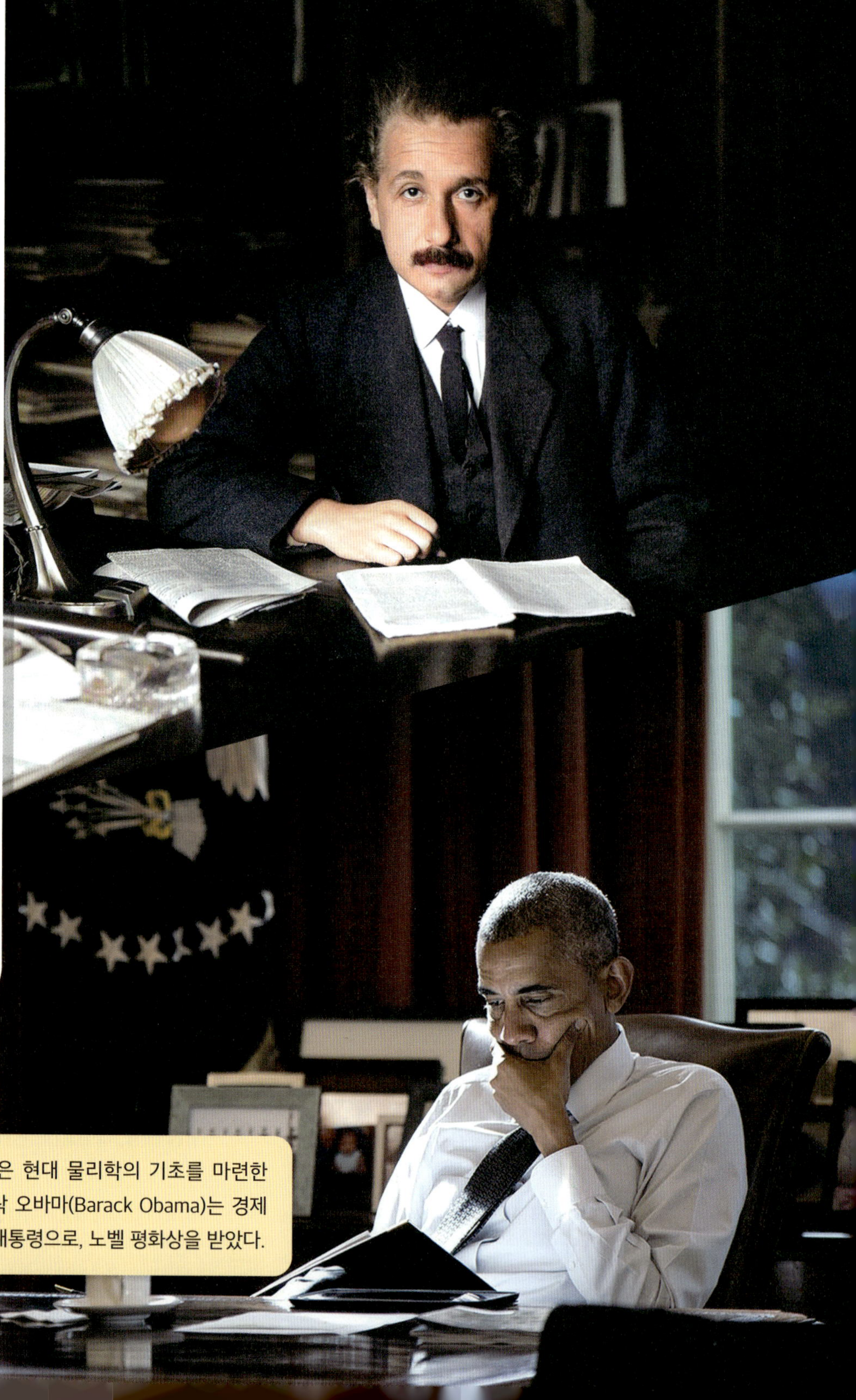

배경지식 쌓기

알베르트 아인슈타인(Albert Einstein)은 현대 물리학의 기초를 마련한 물리학자로, 노벨 물리학상을 받았다. 버락 오바마(Barack Obama)는 경제 회복과 의료 개혁을 추진한 미국의 44대 대통령으로, 노벨 평화상을 받았다.

Are you curious about famous people's desks?

Let's look at some!

First, look at Albert Einstein's desk.

Einstein was a scientist.

He had a very messy desk.

This helped him think creatively.

But who had a tidy desk?

Barack Obama did!

He is a former U.S. president.

His clean desk helped him focus.

So, he could make good decisions.

Everyone has their own style.

What is your desk like?

 섀도우 리딩 원어민 음원에 맞추어 큰 소리로 세 번 따라 읽으세요.

끊어 읽으면서 정확한 우리말 의미를 쓰세요.

1 **Are you / curious / about famous people's desks?**

너는 ~인가 / ________ / ________ 사람들의 ____ 에 관해

2 **First, / look at / Albert Einstein's desk.**

________ / 살펴봐라 / 알베르트 아인슈타인의 책상을

3 **Einstein was / a scientist.**

아인슈타인은 ~이었다 / ________

4 **He had / a very messy desk.**

그는 가지고 있었다 / 아주 ________ 책상을

5 **This helped / him / think / creatively.**

이것은 도왔다 / 그가 / 생각하는 것을 / ________

+ help + 사람 + 동사원형 ~가 …하는 것을 돕다

6 But / who had / a tidy desk?

그러나 / 누가 가지고 있었는가 / __________ 책상을

7 Barack Obama **did!** He is / a former U.S. president.

버락 오바마는 **그랬다!**   그는 ~이다 / __________ 미국 __________

가리키는 말 찾기

8 His clean desk helped / **him** / focus.

그의 __________ 책상은 도왔다 / **그가** / __________ 하는 것을

가리키는 말 찾기

9 So, / he could make / good decisions.

그래서 /   그는 할 수 있었다   / 좋은 __________ 을

10 Everyone has / their own style.

모든 사람은 __________ / 그들의 __________ 방식을

1 Are you curious about famous people's desks? Let's look at some!

2 First, look at Albert Einstein's desk. Einstein was a scientist. He had a very messy desk. This helped him think creatively.

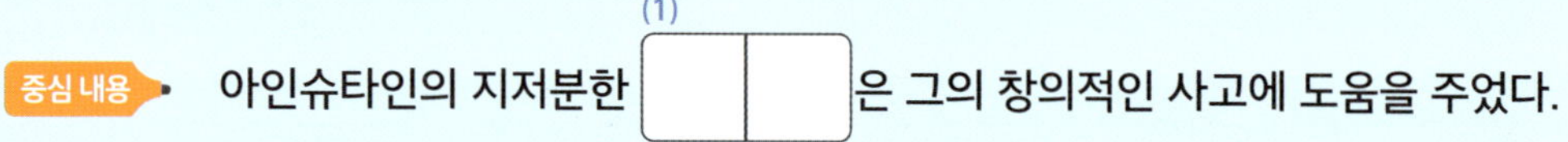

중심 내용 ▸ 아인슈타인의 지저분한 [(1)] 은 그의 창의적인 사고에 도움을 주었다.

3 But who had a tidy desk? Barack Obama did! He is a former U.S. president. His clean desk helped him focus. So, he could make good decisions.

중심 내용 ▸ 오바마는 잘 [(2)] 책상 덕분에 [(3)] 하 여 좋은 결정을 할 수 있었다.

4 Everyone has their own style. What is your desk like?

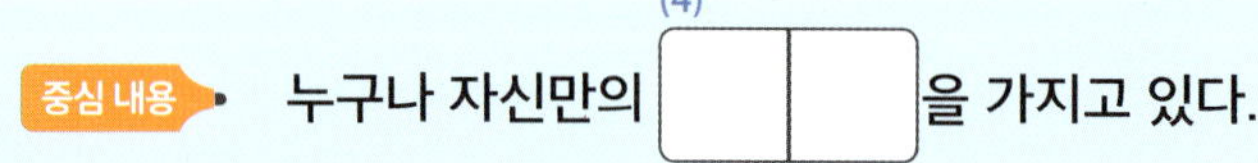

중심 내용 ▸ 누구나 자신만의 [(4)] 을 가지고 있다.

이 글의 중심 내용을 고르세요.

① 사람마다 책상을 관리하는 방식은 다르다.

② 성공하려면 책상을 깨끗하게 정리해야 한다.

③ 지저분한 책상은 창의력을 높이는 데 가장 중요하다.

이 글의 내용과 일치하면 T, 일치하지 않으면 F를 쓰세요.

(1) Einstein was a famous scientist. ___________

(2) Obama was good at focusing. ___________

Up전략 **근거 찾기** 글 안에서 답의 근거가 되는 문장들을 찾아 밑줄을 그으세요.

오바마와 비슷한 방식으로 책상을 관리하고 있는 친구를 고르세요.

①

②

③

두 단어의 관계가 나머지와 <u>다른</u> 것을 고르세요.

① messy – tidy

② clean – dirty

③ former – past

요약하기 **문단 중심 내용 빈칸에 쓴 내용을 영어로 쓰세요.**

Albert Einstein's messy __(1)______ helped him think creatively, while

Barack Obama's __(2)______ desk helped him __(3)______ and make

good decisions. Everyone has their own __(4)______.

너의 책상을 보여 줘!

다른 친구들의 책상을 살펴 보고, 나의 책상은 어떤 모습인지 소개해 보아요.

Photo Credits

p.84   Andrés de la O / Wikipedia.org

p.84   White House Photo / Alamy.com

others

www.shutterstock.com/

www.alamy.com/

UNIT 3 Spill the Beans!

- 잘 외워지지 않는 단어를 체크하면서 암기해 보세요.

	단어	뜻
☐☐☐	ancient	형 고대의
☐☐☐	Greek	명 그리스인
☐☐☐	vote	동 투표하다 명 투표
☐☐☐	bean	명 콩
☐☐☐	jar	명 항아리, 병
☐☐☐	mean	동 의미하다, 뜻하다
☐☐☐	secret	명 비밀
☐☐☐	knock over	쳐서 넘어뜨리다
☐☐☐	spill	동 쏟아지다, 쏟다
☐☐☐	everywhere	부 모든 곳에, 사방에
☐☐☐	long ago	오래전에, 옛날에
☐☐☐	way	명 방법, 방식
☐☐☐	use	동 사용하다
☐☐☐	put	동 넣다, 두다, 놓다
☐☐☐	tell	동 말하다

UNIT 1 A Ketchup Rule

- 잘 외워지지 않는 단어를 체크하면서 암기해 보세요.

	단어	뜻
☐☐☐	special	형 특별한
☐☐☐	rule	명 규칙
☐☐☐	elementary	형 초등의
☐☐☐	French	형 프랑스의
☐☐☐	proud	형 자랑스러워하는
☐☐☐	traditional	형 전통의
☐☐☐	flavor	명 맛
☐☐☐	cover up	완전히 가리다
☐☐☐	allow	동 허락하다
☐☐☐	once	부 한 번
☐☐☐	ketchup	명 케첩
☐☐☐	move	동 이사하다
☐☐☐	enjoy	동 즐기다
☐☐☐	still	부 그런데도, 여전히
☐☐☐	fries	명 감자튀김

UNIT 2 — Meet a LEGO Master Builder

● 잘 외워지지 않는 단어를 체크하면서 암기해 보세요.

	단어	뜻
☐☐☐	**master builder**	마스터 빌더, 제작 전문가
☐☐☐	**design**	동 디자인하다
☐☐☐	**build**	동 만들다, 짓다
☐☐☐	**become**	동 ~이 되다, ~(해)지다
☐☐☐	**keep**	동 계속하다, 보관하다
☐☐☐	**creative**	형 창의적인
☐☐☐	**without**	전 ~ 없이
☐☐☐	**instructions**	명 설명서
☐☐☐	**advice**	명 조언, 충고
☐☐☐	**hobby**	명 취미
☐☐☐	**talk**	동 이야기하다
☐☐☐	**exciting**	형 흥미진진한
☐☐☐	**amazing**	형 놀라운
☐☐☐	**try**	동 노력하다, 해 보다
☐☐☐	**job**	명 직업, 일, 임무, 역할

UNIT 4 — I'm a Special Dad

● 잘 외워지지 않는 단어를 체크하면서 암기해 보세요.

	단어	뜻
☐☐☐	**seahorse**	명 해마
☐☐☐	**unique**	형 독특한, 특별한
☐☐☐	**give birth**	새끼를 낳다, 출산하다
☐☐☐	**pouch**	명 주머니
☐☐☐	**belly**	명 배
☐☐☐	**lay**	동 (알을) 낳다, 놓다
☐☐☐	**carry**	동 가지고 다니다, 나르다
☐☐☐	**hatch**	동 부화하다
☐☐☐	**feed**	동 먹이를 주다
☐☐☐	**take care of**	돌보다
☐☐☐	**month**	명 달, 월
☐☐☐	**inside**	전 ~의 안에
☐☐☐	**grow**	동 자라다, 재배하다
☐☐☐	**freely**	부 자유롭게
☐☐☐	**adventure**	명 모험

UNIT 7 — Astronaut Food

● 잘 외워지지 않는 단어를 체크하면서 암기해 보세요.

	단어	뜻
☐☐☐	space	몡 우주
☐☐☐	astronaut	몡 우주 비행사
☐☐☐	past	몡 과거
☐☐☐	tube	몡 튜브, 관
☐☐☐	toothpaste	몡 치약
☐☐☐	tasty	혱 맛있는
☐☐☐	delicious	혱 아주 맛있는
☐☐☐	dried food	건조식품
☐☐☐	add	통 추가하다
☐☐☐	almost	뷔 거의
☐☐☐	much	뷔 훨씬
☐☐☐	better	혱 더 좋은
☐☐☐	anything	때 무엇이든
☐☐☐	meal	몡 식사
☐☐☐	future	몡 미래

UNIT 5 — A Churro Mystery

● 잘 외워지지 않는 단어를 체크하면서 암기해 보세요.

	단어	뜻
☐☐☐	churros	몡 추로스
☐☐☐	shepherd	몡 양치기
☐☐☐	fry	통 튀기다
☐☐☐	dough	몡 밀가루 반죽
☐☐☐	horn	몡 뿔
☐☐☐	trader	몡 상인, 무역업자
☐☐☐	bring	통 가져오다
☐☐☐	recipe	몡 조리법
☐☐☐	Europe	몡 유럽
☐☐☐	true	혱 사실인, 진정한
☐☐☐	mystery	몡 미스터리, 수수께끼
☐☐☐	Spain	몡 스페인
☐☐☐	sheep	몡 양
☐☐☐	call	통 부르다
☐☐☐	China	몡 중국

UNIT 6 — No Homework Day

● 잘 외워지지 않는 단어를 체크하면서 암기해 보세요.

	단어	뜻
☐☐☐	diary	몡 일기
☐☐☐	homework	몡 숙제
☐☐☐	favorite	혱 매우 좋아하는
☐☐☐	happen	됭 일어나다, 발생하다
☐☐☐	May	몡 5월
☐☐☐	relax	됭 휴식을 취하다
☐☐☐	outside	붜 밖에서
☐☐☐	take a nap	낮잠을 자다
☐☐☐	fantastic	혱 환상적인
☐☐☐	more	혱 더 많은
☐☐☐	always	붜 항상
☐☐☐	the U.S.	미국
☐☐☐	lots of	많은
☐☐☐	finally	붜 마지막으로, 마침내
☐☐☐	should	조 ~해야 한다

UNIT 8 — Baby Tooth Traditions

● 잘 외워지지 않는 단어를 체크하면서 암기해 보세요.

	단어	뜻
☐☐☐	loose	혱 흔들리는, 느슨한
☐☐☐	excite	됭 신나게 하다, 들뜨게 만들다
☐☐☐	pillow	몡 베개
☐☐☐	fairy	몡 요정
☐☐☐	leave	됭 두고 가다, 떠나다
☐☐☐	bury	됭 묻다
☐☐☐	match	됭 연결시키다, 어울리다
☐☐☐	soccer field	축구장
☐☐☐	choose	됭 선택하다
☐☐☐	hospital	몡 병원
☐☐☐	baby tooth	젖니, 유치
☐☐☐	tradition	몡 전통
☐☐☐	wiggle	됭 흔들리다, 꿈틀꿈틀 움직이다
☐☐☐	visit	됭 방문하다
☐☐☐	place	몡 장소

UNIT 11 — Prices Up and Down

온라인 단어장

● 잘 외워지지 않는 단어를 체크하면서 암기해 보세요.

단어	뜻
remember	동 기억하다
look for	찾다, 구하다
enough	형 충분한
price	명 가격, 값
suddenly	부 갑자기
expensive	형 비싼
certain	형 어떤, 틀림없는
rare	형 희귀한, 드문
common	형 흔한
cheap	형 싼
everyone	대 모든 사람
store	명 가게
find	동 찾다, 발견하다
market	명 시장
imagine	동 상상하다

UNIT 9 — Rock, Paper, Scissors!

온라인 단어장

● 잘 외워지지 않는 단어를 체크하면서 암기해 보세요.

단어	뜻
change	동 바꾸다
mind	명 마음
easily	부 쉽게
fold into	~으로 접다
shape	명 모양, 형태
bother	동 신경 쓰이게 하다
sharp	형 예리한, 날카로운
quick	형 신속한, 빠른
decision	명 결정
choice	명 선택
strong	형 강한
same	대 같은 것(일, 상황)
good at	~을 잘하는
thinker	명 생각하는 사람
personality	명 성격

UNIT 10 — Ready, Set, Plog!

● 잘 외워지지 않는 단어를 체크하면서 암기해 보세요.

단어	뜻
grab	동 붙잡다
glove	명 장갑
jog	동 조깅하다
pick up	줍다
trash	명 쓰레기
sort	동 분류하다
plan	명 계획 동 계획하다
join	동 참가하다
tiny	형 아주 작은
win	동 우승하다, 이기다
around	전 주위에
smaller	형 더 작은
bottle	명 병
tin can	깡통
broken	형 깨진

UNIT 12 — Messy or Tidy?

● 잘 외워지지 않는 단어를 체크하면서 암기해 보세요.

단어	뜻
curious	형 궁금한
famous	형 유명한
scientist	명 과학자
messy	형 지저분한
creatively	부 창의적으로
tidy	형 잘 정돈된
former	형 이전의
president	명 대통령
focus	동 집중하다
own	형 자신의
or	접 아니면, 또는
think	동 생각하다
clean	형 깨끗한
style	명 방식, 스타일
dirty	형 더러운

BOOK LIST

도/서/목/록

초등 · 초등영어 된다 시리즈

초등영어 리딩이 된다

교과 내용을 영어로 쉽고 재미있게
학습하는 초등 독해서
START   1 | 2 | 3 | 4
BASIC   1 | 2 | 3 | 4
JUMP   1 | 2 | 3 | 4

초등영어 문법이 된다

초등 교육과정을 기반으로 한 영문법 학습서
Starter 1 | Starter 2 | 1 | 2

초등영어 단어가 된다

교육부 권장 초등 필수 영단어 학습서
1 | 2 | 3 | 4

초등영어 파닉스가 된다

알파벳 음가 블랜딩 연습을 통해
읽기 유창성을 기르는 파닉스 학습서
1 | 2

초등영어 사이트 워드가 된다

영어 읽기 독립을 위한 사이트 워드 학습서
1 | 2

독해

Reading TUTOR 리딩튜터

10단계 초·중·고등 독해 프로그램
Starter   1 | 2 | 3
Junior   1 | 2 | 3 | 4
리딩튜터   입문 | 기본 | 실력 | 수능PLUS

달콤한 LITERACY (Reading)

초등학생을 위한 문해력 기본서
LEVEL   1 | 2 | 3
LEVEL   4 | 5 | 6

READING BUDDY

초등학생을 위한 독해 입문서
1 | 2 | 3
🔗 Grammar Buddy | Listening Buddy

어휘

주니어 능률 VOCA

대한민국 중등 어휘 교재의 표준
Starter 1 | Starter 2 |
입문 | 기본 | 실력 | 숙어

🔗 해당 교재와 연계되는 시리즈

3회독 학습법
Read
Think
Write

달달 읽고 곰곰 생각하는

70 Words

달곰한

1 LEVEL

LITERACY

Reading

Workbook

NE 능률

달곰한 LITERACY

Reading

Workbook

A Ketchup Rule

Words I

단어의 우리말 의미와 철자를 쓰면서 외워 보세요.

단어	의미 쓰기	따라 말하면서 철자 세 번 쓰기		
special	형 특별한 — 특별한	special		
rule	명 규칙			
elementary	형 초등의			
French	형 프랑스의			
proud	형 자랑스러워하는			
traditional	형 전통의			
flavor	명 맛			
cover up	완전히 가리다			
allow	동 허락하다			
once	부 한 번			
ketchup	명 케첩			
move	동 이사하다			
enjoy	동 즐기다			
still	부 그런데도			
fries	명 감자튀김			

 단어와 우리말 의미를 연결하고, 빈칸에 단어를 쓰세요.

1	rule	•	•	규칙	❯	__________
2	once	•	•	완전히 가리다	❯	__________
3	cover up	•	•	특별한	❯	__________
4	special	•	•	한 번	❯	__________
5	elementary	•	•	초등의	❯	__________

 우리말 의미에 맞게 빈칸에 알맞은 단어를 **보기**에서 찾아 쓰세요.

┤ **보기** ├

| allow | flavors | proud | traditional |

1 I am very __________ of my drawing.

나는 내 그림이 매우 자랑스럽다.

2 Bibimbap is a __________ Korean dish.

비빔밥은 한국 전통의 음식이다.

3 They don't __________ dogs in the store.

그들은 가게 안에 개를 허락하지 않는다.

4 We sell ten __________ of ice cream.

우리는 열 가지 맛의 아이스크림을 판매한다.

Sentences

A 다음 문장에서 주어에는 밑줄을, 동사에는 동그라미를 치세요.

1 Schools still allow ketchup once a week.

2 French people are proud of their food.

3 Elementary students can't have ketchup at lunch.

B 우리말 의미에 맞게 주어진 말을 바르게 배열하세요.

1 그들은 특별한 케첩 규칙을 가지고 있다.
(ketchup rule / they / a special / have)

____

2 그들은 그들의 아이들이 전통의 맛을 즐기기를 원한다.
(their kids / traditional flavors / they want / to enjoy)

____

3 그러나 케첩은 이런 맛을 완전히 가린다.
(these flavors / but / ketchup / covers up)

____

Organizer

A 빈칸에 알맞은 말을 넣어 표를 완성하세요.

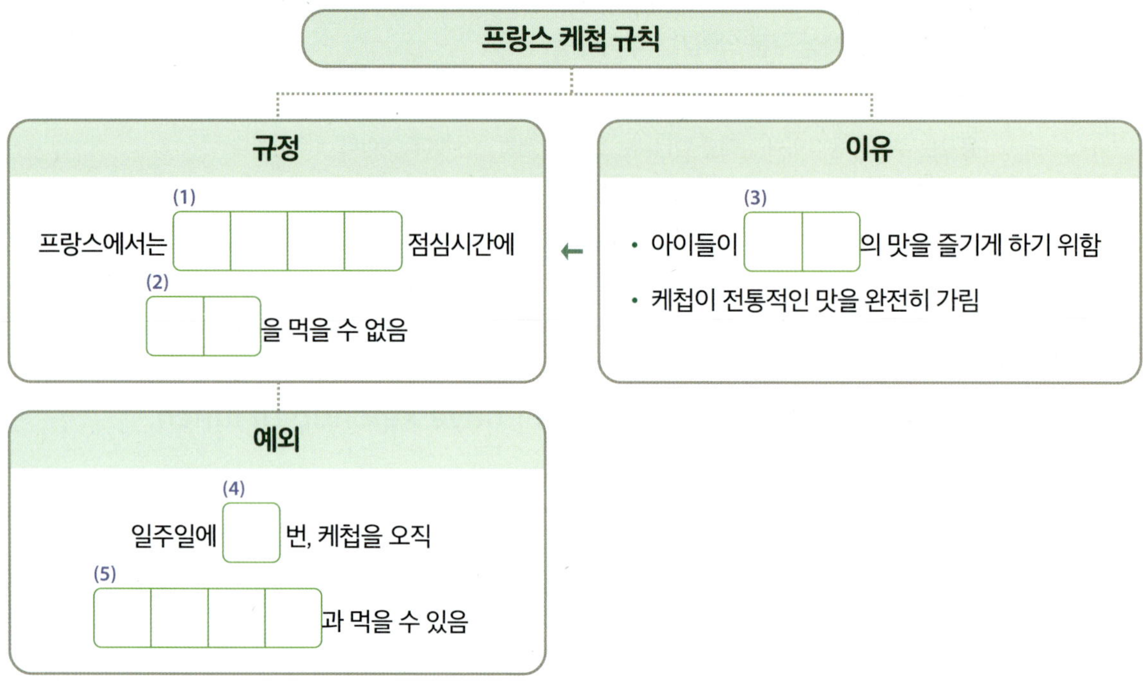

B 빈칸에 알맞은 단어를 **보기**에서 찾아 쓰세요.

보기
flavors   lunch   week   elementary

In France, **1** _________ students can't have ketchup at **2** _________ .

French people want their kids to enjoy traditional **3** _________ . But

kids can only have ketchup with their fries once a **4** _________ .

케첩을 금지하는 프랑스 규칙에 관한 자신의 생각을 써 보세요.

Meet a LEGO Master Builder

Words Ⅰ 단어의 우리말 의미와 철자를 쓰면서 외워 보세요.

단어	의미 쓰기	따라 말하면서 철자 세 번 쓰기
master builder	마스터 빌더, 제작 전문가	
design	동 디자인하다	
build	동 만들다	
become	동 ~이 되다	
keep	동 계속하다	
creative	형 창의적인	
without	전 ~ 없이	
instructions	명 설명서	
advice	명 조언	
hobby	명 취미	
talk	동 이야기하다	
exciting	형 흥미진진한	
amazing	형 놀라운	
try	동 노력하다	
job	명 직업	

Words Ⅱ

Ⓐ 단어와 우리말 의미를 연결하고, 빈칸에 단어를 쓰세요.

1	build •	• 설명서 ❯	_______________
2	hobby •	• 창의적인 ❯	_______________
3	become •	• ~이 되다 ❯	_______________
4	creative •	• 취미 ❯	_______________
5	instructions •	• 만들다 ❯	_______________

Ⓑ 우리말 의미에 맞게 빈칸에 알맞은 단어를 **보기**에서 찾아 쓰세요.

┤ 보기 ├

advice　　　design　　　keep　　　without

1 I'll ____________ doing my job.

나는 내 일을 계속할 것이다.

2 We ____________ special jackets.

우리는 특별한 재킷들을 디자인한다.

3 He can't see ____________ his glasses.

그는 안경 없이 볼 수 없다.

4 This book gives good ____________ to parents.

이 책은 부모들에게 좋은 조언을 해준다.

Ⓐ 다음 문장에서 목적어에는 밑줄을, 보어에는 동그라미를 치세요.

> **Up전략** 핵심 구문 익히기 | 목적어와 보어
>
> **목적어**는 문장에서 동작의 대상이 되는 말로, 우리말의 '**~을/를**'에 해당한다.
> **보어**는 주어의 성질이나 상태를 보충 설명하는 말로, be동사가 쓰이는 '~는 …이다'라는 문장에서 '…**이다**'에 해당한다.
> 동사 become이 쓰이는 '~가 …이 되다'라는 문장에서는 '…**이**'에 해당한다.

1 We make big LEGO models.

2 We design new LEGO sets.

3 A hobby can become a job.

Ⓑ 우리말 의미에 맞게 주어진 말을 바르게 배열하세요.

1 나는 레고 마스터 빌더와 이야기하고 있다.
(talking / a LEGO master builder / to / I'm)

____

2 우리는 또한 레고랜드를 위해 흥미진진한 것들을 만든다.
(also build / for LEGOLAND / we / exciting things)

____

3 아이들은 어떻게 마스터 빌더가 될 수 있는가?
(become / how / can kids / master builders)

____

A 빈칸에 알맞은 말을 넣어 표를 완성하세요.

레고 마스터 빌더

레고 마스터 빌더가 하는 일	레고 마스터 빌더가 되기 위한 자질
• 큰 레고 <u>(1) </u> 만들기 • 새로운 레고 <u>(2) </u> 디자인하기 • <u>(3) </u> 를 위해 흥미진진한 것들 만들기	• 레고 조립을 꾸준히 연습해야 함 • <u>(4) </u> 이어야 함 • <u>(5) </u> 없이 만들려고 노력해야 함

B 빈칸에 알맞은 단어를 **보기**에서 찾아 쓰세요.

보기

without   try   make   hobby

LEGO master builders **1** __________ big LEGO models and design new sets. To be a LEGO master builder, you need to be creative and **2** __________ to build **3** __________ instructions. A **4** __________ can become a job.

직업으로 삼고 싶은 자신의 취미를 생각해 보고, 그 이유를 써 보세요.

Spill the Beans!

Words I 단어의 우리말 의미와 철자를 쓰면서 외워 보세요.

단어	의미 쓰기	따라 말하면서 철자 세 번 쓰기
ancient	형 고대의	
Greek	명 그리스인	
vote	동 투표하다 명 투표	
bean	명 콩	
jar	명 항아리	
mean	동 의미하다	
secret	명 비밀	
knock over	쳐서 넘어뜨리다	
spill	동 쏟아지다, 쏟다	
everywhere	부 모든 곳에	
long ago	오래전에	
way	명 방법	
use	동 사용하다	
put	동 넣다	
tell	동 말하다	

A 단어와 우리말 의미를 연결하고, 빈칸에 단어를 쓰세요.

1	jar	•	•	쏟아지다, 쏟다	❯ __________
2	vote	•	•	항아리	❯ __________
3	Greek	•	•	의미하다	❯ __________
4	mean	•	•	그리스인	❯ __________
5	spill	•	•	투표하다, 투표	❯ __________

B 우리말 의미에 맞게 빈칸에 알맞은 단어를 **보기**에서 찾아 쓰세요.

┤ **보기** ├

| ancient | everywhere | knocked over | secret |

1 He studied __________ history.

그는 고대의 역사를 연구했다.

2 Everyone knows the __________.

모두가 그 비밀을 알고 있다.

3 She __________ the vase.

그녀는 꽃병을 쳐서 넘어뜨렸다.

4 There were books __________.

책들이 모든 곳에 있었다.

A   우리말 의미에 맞게 괄호 안의 말을 이용해 문장을 완성하세요.

> **Up전략** 핵심 구문 익히기 | 일반동사의 과거형 ~했다
>
> **일반동사의 과거형**은 '**~했다**'라는 의미로, 과거의 일을 나타낼 때 쓰인다.
> 일반동사의 과거형을 만들 때는 대부분 **<동사원형+ed>** 형태로 변한다.
> 동사가 -e로 끝날 때는 **<동사원형+d>** 형태로 변한다.

1   오래전에, 고대 그리스인들은 투표했다. (vote)

> ❯ Long ago, the ancient Greeks ____________.

2   사람들은 투표하기 위해 콩을 사용했다. (use)

> ❯ People ____________ beans to vote.

3   콩들은 모든 곳에 쏟아졌다. (spill)

> ❯ The beans ____________ everywhere.

B   우리말 의미에 맞게 주어진 말을 바르게 배열하세요.

1   그들은 특별한 방법을 가지고 있었다.

(way / a special / they / had)

____

2   사람들은 항아리 안에 콩들을 넣었다.

(into a jar / put / beans / people)

____

3   흰콩들은 '예'를 의미했다.

(meant / beans / yes / white)

____

A 빈칸에 알맞은 말을 넣어 표를 완성하세요.

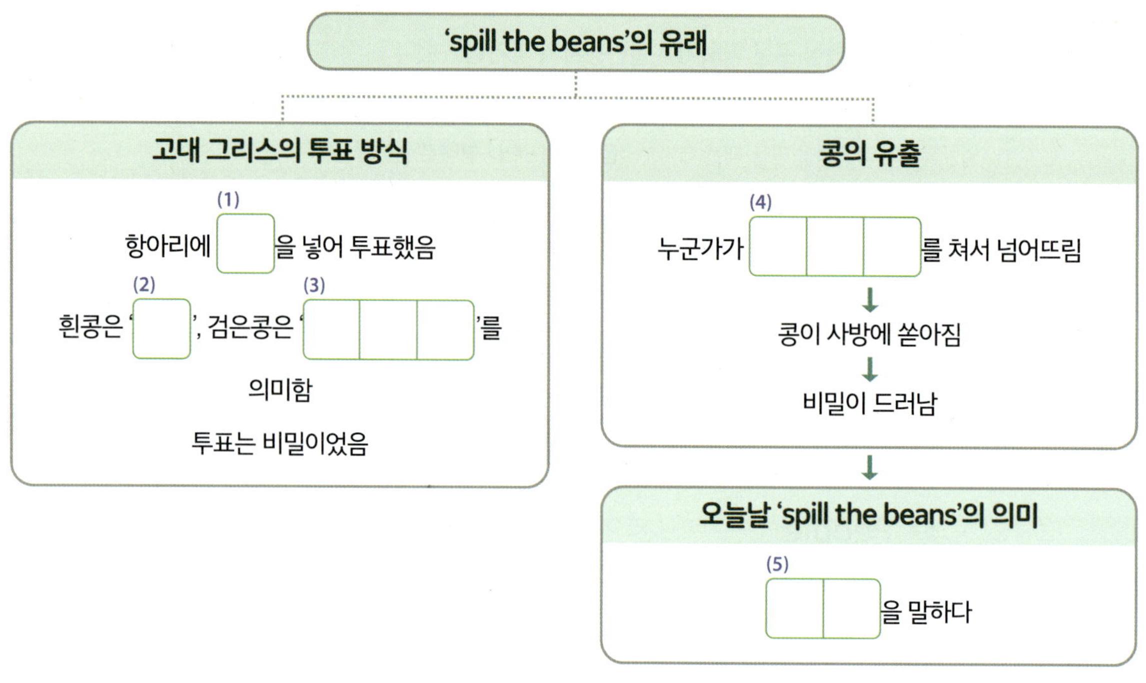

B 빈칸에 알맞은 단어를 **보기**에서 찾아 쓰세요.

┤ 보기 ├

jar　　　means　　　spilled　　　ancient

1 _________ Greeks voted by putting beans into a **2** _________.

White beans meant yes, and black beans meant no. The beans

3 _________, and the secret was out. So, "spill the beans"

4 _________ "tell a secret."

나의 비밀이나 친구의 비밀이 실수로 드러났던 경험을 써 보세요.

I'm a Special Dad

Words I
단어의 우리말 의미와 철자를 쓰면서 외워 보세요.

단어	의미 쓰기	따라 말하면서 철자 세 번 쓰기
seahorse	몡 해마	
unique	혱 독특한	
give birth	새끼를 낳다	
pouch	몡 주머니	
belly	몡 배	
lay	동 (알을) 낳다	
carry	동 가지고 다니다	
hatch	동 부화하다	
feed	동 먹이를 주다	
take care of	돌보다	
month	몡 달	
inside	젼 ~의 안에	
grow	동 자라다	
freely	뷔 자유롭게	
adventure	몡 모험	

Words Ⅱ

A 단어와 우리말 의미를 연결하고, 빈칸에 단어를 쓰세요.

1 lay • • 해마 ❯ ___________

2 feed • • 주머니 ❯ ___________

3 hatch • • 부화하다 ❯ ___________

4 pouch • • (알을) 낳다 ❯ ___________

5 seahorse • • 먹이를 주다 ❯ ___________

B 우리말 의미에 맞게 빈칸에 알맞은 단어를 **보기**에서 찾아 쓰세요.

보기
give birth   belly   carry   unique

1 The bird has a white ___________.
그 새는 흰 배를 가지고 있다.

2 My dog will ___________ soon.
나의 개는 곧 새끼를 낳을 것이다.

3 He writes in a ___________ style.
그는 독특한 스타일로 글을 쓴다.

4 I always ___________ a water bottle.
나는 항상 물병을 가지고 다닌다.

A 우리말 의미에 맞게 괄호 안의 말을 이용해 문장을 완성하세요.

> **Up전략** 핵심 구문 익히기 | **for+숫자 기간** ~동안
>
> 지속 기간을 나타내는 전치사 **for**는 '~ **동안**'이라는 의미로, 어떤 일이 얼마나 지속되었는지를 나타낼 때 쓰인다.
> <**for+숫자를 포함한 기간**> 형태로 쓰인다.

1 나는 그 알들을 한 달 동안 가지고 다닌다. (a month)

❯ I carry the eggs ＿＿＿＿ ＿＿＿＿ ＿＿＿＿＿ .

2 우리는 2주 동안 여행할 것이다. (two weeks)

❯ We will travel ＿＿＿＿ ＿＿＿＿ ＿＿＿＿＿ .

3 아이들은 3시간 동안 밖에서 놀았다. (three hours)

❯ The kids played outside ＿＿＿＿ ＿＿＿＿ ＿＿＿＿＿ .

B 우리말 의미에 맞게 주어진 말을 바르게 배열하세요.

1 나는 배에 주머니를 가지고 있다.

(a pouch / I / on my belly / have)

＿＿＿＿＿＿＿＿＿＿＿＿＿＿＿＿＿＿＿＿＿＿＿＿＿＿＿

2 그것들은 내 안에서 부화한다.

(inside / they / me / hatch)

＿＿＿＿＿＿＿＿＿＿＿＿＿＿＿＿＿＿＿＿＿＿＿＿＿＿＿

3 나중에, 그들은 나의 주머니에서 나온다.

(come out / later, / they / from my pouch)

＿＿＿＿＿＿＿＿＿＿＿＿＿＿＿＿＿＿＿＿＿＿＿＿＿＿＿

Organizer

A 빈칸에 알맞은 말을 넣어 표를 완성하세요.

아빠 해마가 새끼를 낳는 과정

엄마 해마는 **(1)** ☐☐ 해마의 주머니에 **(2)** ☐을 낳음

↓

(3) ☐☐ 안에서 알이 **(4)** ☐☐함

↓

아빠 해마는 주머니 안에 있는 새끼들에게 **(5)** ☐☐를 주며 키움

↓

새끼들이 자유롭게 헤엄칠 수 있을 때 주머니에서 내보냄

B 빈칸에 알맞은 단어를 **보기**에서 찾아 쓰세요.

| 보기 |

birth   eggs   freely   lays

A seahorse dad can give **1** __________ . A seahorse mom **2** __________ eggs in his pouch, and the **3** __________ hatch there. The seahorse dad feeds and cares for the babies until they can swim **4** __________ .

내 생각 정리하기   아빠 해마의 특별한 역할에 관한 자신의 생각을 써 보세요.

A Churro Mystery

Words I
단어의 우리말 의미와 철자를 쓰면서 외워 보세요.

단어	의미 쓰기	따라 말하면서 철자 세 번 쓰기
churros	몡 추로스	
shepherd	몡 양치기	
fry	동 튀기다	
dough	몡 밀가루 반죽	
horn	몡 뿔	
trader	몡 상인	
bring	동 가져오다	
recipe	몡 조리법	
Europe	몡 유럽	
true	형 사실인	
mystery	몡 미스터리	
Spain	몡 스페인	
sheep	몡 양	
call	동 부르다	
China	몡 중국	

Words Ⅱ

A 단어와 우리말 의미를 연결하고, 빈칸에 단어를 쓰세요.

1	bring	•	•	유럽	❯	___________
2	dough	•	•	상인	❯	___________
3	Europe	•	•	양치기	❯	___________
4	trader	•	•	가져오다	❯	___________
5	shepherd	•	•	밀가루 반죽	❯	___________

B 우리말 의미에 맞게 빈칸에 알맞은 단어를 **보기**에서 찾아 쓰세요.

┤ **보기** ├

| fried | horns | recipe | true |

1 This story is ___________.

이 이야기는 사실이다.

2 He ___________ some potatoes for us.

그는 우리를 위해 감자 몇 개를 튀겼다.

3 You should read the ___________ first.

너는 먼저 조리법을 읽어야 한다.

4 The dinosaur had three ___________.

그 공룡은 세 개의 뿔이 있었다.

Sentences

A 우리말 의미에 맞게 괄호 안의 말을 이용해 문장을 완성하세요.

> **Up전략** 핵심 구문 익히기 | call+사람/사물+별명/호칭 ~을 …라고 부르다
>
> '부르다'라는 의미의 동사 call은 <call+사람/사물(목적어)+별명/호칭> 형태로 쓰일 때 '~을 …라고 부르다'라는 의미를 나타낸다. 누군가를 특정한 별명이나 호칭으로 부르는 경우에 쓰인다.

1 그들은 그것을 '추로'라고 불렀다. (it, a "churro")

> They ＿＿＿＿＿ ＿＿＿＿＿ ＿＿＿＿＿ ＿＿＿＿＿.

2 그들은 그들의 개를 '킹'이라고 부른다. (their dog, "King")

> They ＿＿＿＿＿ ＿＿＿＿＿ ＿＿＿＿＿ ＿＿＿＿＿.

3 축구 선수들은 그를 밀러 코치라고 부른다. (him, Coach Miller)

> The soccer players ＿＿＿＿＿ ＿＿＿＿＿ ＿＿＿＿＿ ＿＿＿＿＿.

B 우리말 의미에 맞게 주어진 말을 바르게 배열하세요.

1 추로스는 어디에서 오는가?

(churros / from / where / are)

＿＿＿＿＿＿＿＿＿＿＿＿＿＿＿＿＿＿＿＿＿＿＿＿＿＿＿＿＿＿

2 그것은 추라 양의 뿔처럼 보였다.

(like / it / a Churra sheep's horns / looked)

＿＿＿＿＿＿＿＿＿＿＿＿＿＿＿＿＿＿＿＿＿＿＿＿＿＿＿＿＿＿

3 상인들은 그 조리법을 다시 유럽으로 가져왔다.

(back to Europe / brought / traders / the recipe)

＿＿＿＿＿＿＿＿＿＿＿＿＿＿＿＿＿＿＿＿＿＿＿＿＿＿＿＿＿＿

Organizer

A 빈칸에 알맞은 말을 넣어 표를 완성하세요.

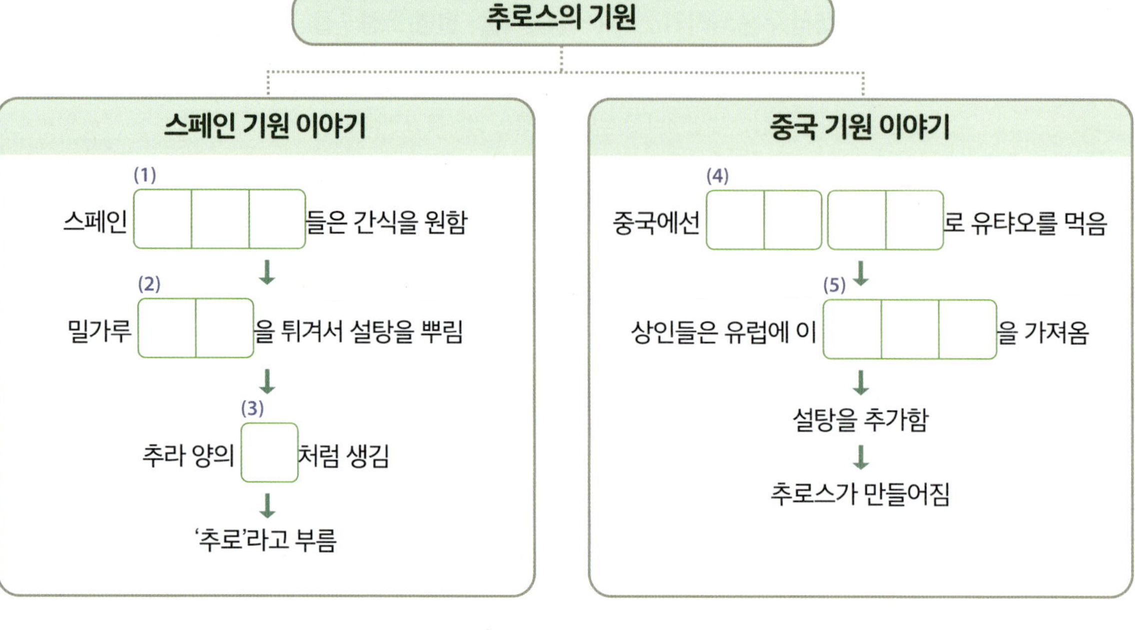

B 빈칸에 알맞은 단어를 **보기**에서 찾아 쓰세요.

> **보기**
>
> traders　　　recipe　　　two　　　Spanish

There are **1** __________ stories about churros. One says **2** __________ shepherds made churros that looked like a Churra sheep's horns. Another says **3** __________ brought a *youtiao* **4** __________ to Europe, which became churros.

추로스의 기원 중 더 그럴듯한 이야기를 선택하고, 그 이유를 써 보세요.

UNIT 6 No Homework Day

Words I 단어의 우리말 의미와 철자를 쓰면서 외워 보세요.

단어	의미 쓰기	따라 말하면서 철자 세 번 쓰기
diary	명 일기	
homework	명 숙제	
favorite	형 매우 좋아하는	
happen	동 일어나다	
May	명 5월	
relax	동 휴식을 취하다	
outside	부 밖에서	
take a nap	낮잠을 자다	
fantastic	형 환상적인	
more	형 더 많은	
always	부 항상	
the U.S.	미국	
lots of	많은	
finally	부 마지막으로	
should	조 ~해야 한다	

Words Ⅱ

A 단어와 우리말 의미를 연결하고, 빈칸에 단어를 쓰세요.

1	relax	•		•	일기	❯	_______________
2	more	•		•	밖에서	❯	_______________
3	diary	•		•	더 많은	❯	_______________
4	outside	•		•	환상적인	❯	_______________
5	fantastic	•		•	휴식을 취하다	❯	_______________

B 우리말 의미에 맞게 빈칸에 알맞은 단어를 **보기**에서 찾아 쓰세요.

보기
favorite   happens   homework   took a nap

1 She _______________ after lunch.

그녀는 점심 식사 후에 낮잠을 잤다.

2 May is my ___________ month.

5월은 내가 매우 좋아하는 달이다.

3 The same thing ___________ every day.

같은 일은 매일 일어난다.

4 I have lots of ___________ today.

나는 오늘 숙제가 많다.

A 우리말 의미에 맞게 괄호 안의 말을 이용해 문장을 완성하세요.

> **Up전략** 핵심 구문 익히기 | should+동사원형 ~해야 한다
>
> 조동사 should는 '~해야 한다', '~하는 것이 좋겠다'라는 강제성이 약한 의무 또는 충고의 의미를 나타낸다.
> 조동사는 주어의 인칭과 수에 관계없이 형태가 동일하고, 뒤에 항상 **동사원형**이 쓰인다.

1 우리는 이런 날을 더 많이 경험해야 한다. (have)

> ❯ We ＿＿＿＿＿＿＿ ＿＿＿＿＿ more days like this.

2 그는 지금 숙제를 해야 한다. (do)

> ❯ He ＿＿＿＿＿＿＿ ＿＿＿＿＿ his homework now.

3 너는 오늘 밤 일찍 자는 것이 좋겠다. (go)

> ❯ You ＿＿＿＿＿＿＿ ＿＿＿＿＿ to bed early tonight.

B 우리말 의미에 맞게 주어진 말을 바르게 배열하세요.

1 휴식을 취하고 즐기는 시간이다.

(to relax / a time / and have fun / it's)

＿＿＿＿＿＿＿＿＿＿＿＿＿＿＿＿＿＿＿＿＿＿＿＿＿＿＿

2 방과 후에, 나는 많은 재미있는 일들을 했다.

(lots of fun things / I / after school, / did)

＿＿＿＿＿＿＿＿＿＿＿＿＿＿＿＿＿＿＿＿＿＿＿＿＿＿＿

3 마지막으로, 나는 영화를 봤다.

(watched / I / finally, / a movie)

＿＿＿＿＿＿＿＿＿＿＿＿＿＿＿＿＿＿＿＿＿＿＿＿＿＿＿

A 빈칸에 알맞은 말을 넣어 표를 완성하세요.

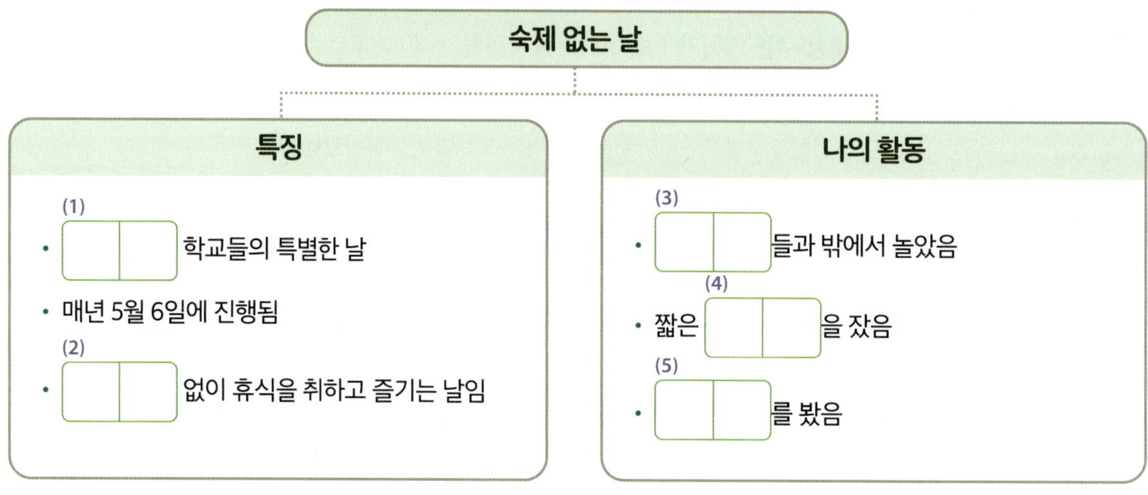

B 빈칸에 알맞은 단어를 **보기**에서 찾아 쓰세요.

┤ 보기 ├

after   no   fantastic   outside

Today is **1** __________ Homework Day. In the U.S., May 6th is a day to relax and have fun. **2** __________ school, I played **3** __________ with my friends, took a nap, and watched a movie. It was a **4** __________ day.

 숙제 없는 날이 생긴다면, 어떻게 보내고 싶은지 써 보세요.

Astronaut Food

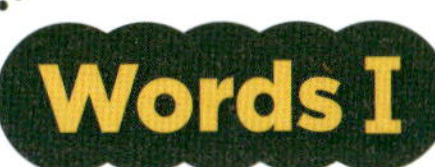

Words I 단어의 우리말 의미와 철자를 쓰면서 외워 보세요.

단어	의미 쓰기	따라 말하면서 철자 세 번 쓰기
space	명 우주	
astronaut	명 우주 비행사	
past	명 과거	
tube	명 튜브	
toothpaste	명 치약	
tasty	형 맛있는	
delicious	형 아주 맛있는	
dried food	건조식품	
add	동 추가하다	
almost	부 거의	
much	부 훨씬	
better	형 더 좋은	
anything	대 무엇이든	
meal	명 식사	
future	명 미래	

Ⓐ 단어와 우리말 의미를 연결하고, 빈칸에 단어를 쓰세요.

1	tasty	•	• 우주 ❯ _______________
2	tube	•	• 거의 ❯ _______________
3	space	•	• 치약 ❯ _______________
4	almost	•	• 맛있는 ❯ _______________
5	toothpaste	•	• 튜브 ❯ _______________

Ⓑ 우리말 의미에 맞게 빈칸에 알맞은 단어를 **보기**에서 찾아 쓰세요.

보기
add　　astronauts　　delicious　　past

1 The bakery sells ______________ cakes.

그 빵집은 아주 맛있는 케이크들을 판매한다.

2 We didn't have cellphones in the ______________.

우리는 과거에 휴대 전화가 없었다.

3 I like to ______________ cheese to salads.

나는 샐러드에 치즈를 추가하는 것을 좋아한다.

4 They sent three ______________ to the Moon.

그들은 세 명의 우주 비행사들을 달에 보냈다.

A 우리말 의미에 맞게 괄호 안의 말을 이용해 문장을 완성하세요.

> **Up 전략** 핵심 구문 익히기 | 비인칭 주어 it
>
> 비인칭 주어 it은 시간, 날짜, 날씨, 거리 등을 나타낼 때 쓰인다.
> 이때 it은 문장의 주어로 쓰이지만, 별다른 뜻이 없으므로 '그것'으로 해석하지 말아야 한다.

1 우주에서의 점심시간이다. (lunchtime)

 ❯ ________ is __________ in space.

2 오늘은 5월 20일이다. (May 20)

 ❯ ________ is _______ _______ today.

3 밖은 덥다. (hot)

 ❯ ________ is _______ outside.

B 우리말 의미에 맞게 주어진 말을 바르게 배열하세요.

1 우주 비행사들은 아주 맛있는 건조식품을 먹는다.

(have / delicious / astronauts / dried food)

____

2 그들은 스파게티나 스크램블드에그를 만들 수 있다.

(spaghetti / can make / or scrambled eggs / they)

____

3 그들은 또한 과일들과 채소들을 재배할 수 있다.

(can also grow / and vegetables / they / fruits)

____

Organizer

Ⓐ 빈칸에 알맞은 말을 넣어 표를 완성하세요.

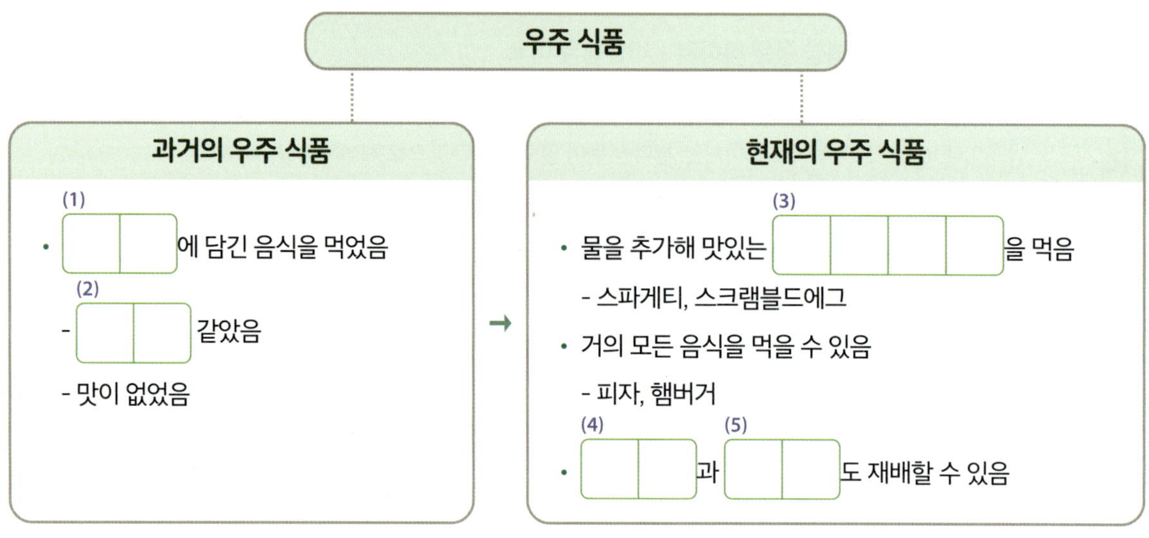

Ⓑ 빈칸에 알맞은 단어를 **보기**에서 찾아 쓰세요.

보기
adding　　　grow　　　tasty　　　food

In the past, astronauts ate **1** __________ from tubes. Now, they can

enjoy **2** __________ meals by **3** __________ water to dried food.

Astronauts can also have pizza and hamburgers, and **4** __________

fruits and vegetables.

우주에 간다면 먹어 보고 싶은 우주 식품을 선택하고, 그 이유를 써 보세요.

Baby Tooth Traditions

 **Words I** 단어의 우리말 의미와 철자를 쓰면서 외워 보세요.

단어	의미 쓰기	따라 말하면서 철자 세 번 쓰기
loose	형 흔들리는	
excite	동 신나게 하다	
pillow	명 베개	
fairy	명 요정	
leave	동 두고 가다	
bury	동 묻다	
match	동 연결시키다	
soccer field	축구장	
choose	동 선택하다	
hospital	명 병원	
baby tooth	젖니	
tradition	명 전통	
wiggle	동 흔들리다	
visit	동 방문하다	
place	명 장소	

Words Ⅱ

A 단어와 우리말 의미를 연결하고, 빈칸에 단어를 쓰세요.

1. bury •   • 연결시키다 ❯ ___________

2. leave •   • 요정 ❯ ___________

3. loose •   • 묻다 ❯ ___________

4. fairy •   • 두고 가다 ❯ ___________

5. match •   • 흔들리는 ❯ ___________

B 우리말 의미에 맞게 빈칸에 알맞은 단어를 **보기**에서 찾아 쓰세요.

보기
choose   excite   soccer field   pillows

1. There are two ___________ on my bed.

   나의 침대 위에 두 개의 베개가 있다.

2. This new game will ___________ you.

   이 새로운 게임은 너를 신나게 할 것이다.

3. We ___________ a movie to watch.

   우리는 볼 영화를 선택한다.

4. There is a ___________ behind the school.

   그 학교 뒤에 축구장이 있다.

A 우리말 의미에 맞게 괄호 안의 말을 이용해 문장을 완성하세요.

> **Up전략** 핵심 구문 익히기 | 명령문과 제안문
>
> **명령문**은 '~해라'라는 의미로, 상대방에게 지시할 때 쓰이는 문장이다. 지시하는 대상(you)이 명확하므로 주어 없이 **동사원형**으로 시작된다.
> **제안문**은 '~하자'라는 의미로, 상대방에게 제안할 때 쓰이는 문장이다. **<let's+동사원형>** 형태로 쓰이며, 명령문처럼 주어가 없다.

1 축구장에 너의 이를 묻어라. (bury)

> ＿＿＿＿＿＿ your teeth in a soccer field.

2 미국과 유럽을 살펴보자. (look at)

> ＿＿＿＿＿＿ ＿＿＿＿＿＿ ＿＿＿＿＿＿ the U.S. and Europe.

3 같이 학교에 가자. (go)

> ＿＿＿＿＿＿ ＿＿＿＿＿＿ to school together.

B 우리말 의미에 맞게 주어진 말을 바르게 배열하세요.

1 그녀는 그것들을 가져가고 선물을 두고 간다.

(takes them / gifts / she / and leaves)

＿＿＿＿＿＿＿＿＿＿＿＿＿＿＿＿＿＿＿＿＿＿＿＿＿＿＿

2 튀르키예에서, 아이들은 그들의 이를 밖에 묻는다.

(outside / their teeth / in Türkiye, / kids bury)

＿＿＿＿＿＿＿＿＿＿＿＿＿＿＿＿＿＿＿＿＿＿＿＿＿＿＿

3 너는 축구선수가 되고 싶은가?

(to be / a soccer player / want / do you)

＿＿＿＿＿＿＿＿＿＿＿＿＿＿＿＿＿＿＿＿＿＿＿＿＿＿＿

A 빈칸에 알맞은 말을 넣어 표를 완성하세요.

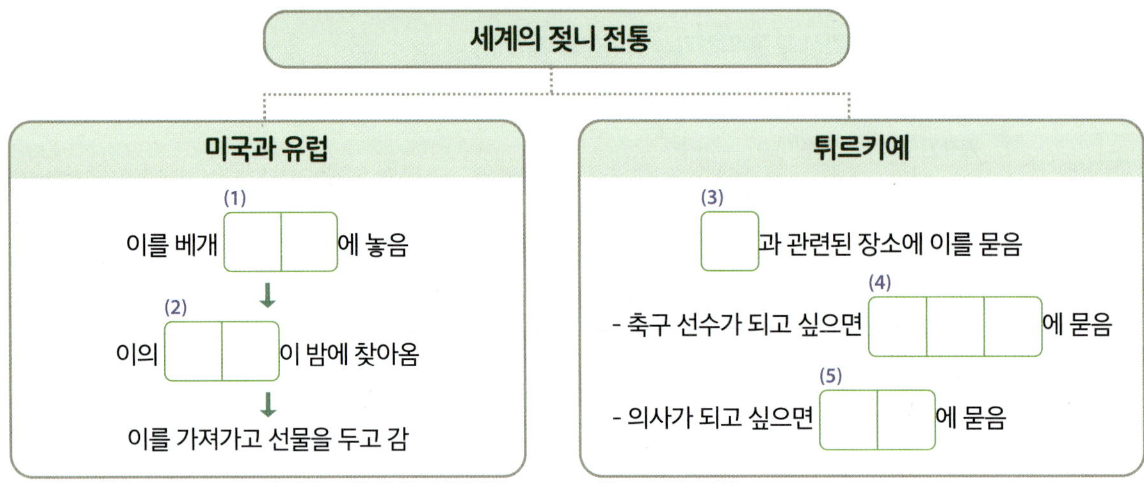

B 빈칸에 알맞은 단어를 **보기**에서 찾아 쓰세요.

보기
bury   loose   gifts   put

1 __________ baby teeth excite kids! In the U.S. and Europe, kids

2 __________ their teeth under their pillows to get **3** __________ from

the Tooth Fairy. In Türkiye, kids **4** __________ their teeth in a place

that matches their dreams.

두 젖니 전통 중 더 흥미로운 것을 선택하고, 그 이유를 써 보세요.

Rock, Paper, Scissors!

Words I 단어의 우리말 의미와 철자를 쓰면서 외워 보세요.

단어	의미 쓰기	따라 말하면서 철자 세 번 쓰기		
change	동 바꾸다			
mind	명 마음			
easily	부 쉽게			
fold into	~으로 접다			
shape	명 모양			
bother	동 신경 쓰이게 하다			
sharp	형 예리한			
quick	형 신속한			
decision	명 결정			
choice	명 선택			
strong	형 강한			
same	대 같은 것(일, 상황)			
good at	~을 잘하는			
thinker	명 생각하는 사람			
personality	명 성격			

Words Ⅱ

A 단어와 우리말 의미를 연결하고, 빈칸에 단어를 쓰세요.

1	mind	•	•	선택	❯	__________
2	sharp	•	•	신속한	❯	__________
3	choice	•	•	마음	❯	__________
4	quick	•	•	결정	❯	__________
5	decision	•	•	예리한	❯	__________

B 우리말 의미에 맞게 빈칸에 알맞은 단어를 **보기**에서 찾아 쓰세요.

┤ 보기 ├

| bother | change | easily | shapes |

1 The cat climbs the tree __________ .

고양이는 나무를 쉽게 오른다.

2 That noise doesn't __________ me.

저 소리는 나를 신경 쓰이게 하지 않는다.

3 We can __________ the game rules.

우리는 게임 규칙들을 바꿀 수 있다.

4 They have different __________ and sizes.

그것들은 다른 모양들과 크기들을 가지고 있다.

A 우리말 의미에 맞게 괄호 안의 말을 이용해 문장을 완성하세요.

> **Up전략** 핵심 구문 익히기 | **can+동사원형** ~할 수 있다
>
> 조동사 **can**은 '**~할 수 있다**'라는 능력 또는 허가의 의미를 나타낸다.
> can 뒤에 -not을 붙인 **cannot** 또는 줄인 형태인 **can't**는 '**~할 수 없다**'라는 의미를 나타낸다.
> 조동사는 주어의 인칭과 수에 관계없이 형태가 동일하고, 뒤에 항상 **동사원형**이 쓰인다.

1 종이는 많은 모양들로 접을 수 있다. (fold)

> ❯ Paper ＿＿＿＿＿＿ ＿＿＿＿＿＿ into many shapes.

2 나는 수영장에서 수영할 수 있다. (swim)

> ❯ I ＿＿＿＿＿＿ ＿＿＿＿＿＿ in the pool.

3 그녀는 어둠 속에서 볼 수 없다. (see)

> ❯ She ＿＿＿＿＿＿ ＿＿＿＿＿＿ in the dark.

B 우리말 의미에 맞게 주어진 말을 바르게 배열하세요.

1 너는 친구들을 사귀는 것을 잘한다.

(making / good at / friends / you're)

＿＿＿＿＿＿＿＿＿＿＿＿＿＿＿＿＿＿＿＿＿＿＿＿＿＿＿＿＿＿

2 새로운 것들은 너를 신경 쓰이게 하지 않는다.

(you / do not / bother / new things)

＿＿＿＿＿＿＿＿＿＿＿＿＿＿＿＿＿＿＿＿＿＿＿＿＿＿＿＿＿＿

3 너의 선택은 너에 관해 무언가를 말해 준다.

(something / your choice / about you / tells)

＿＿＿＿＿＿＿＿＿＿＿＿＿＿＿＿＿＿＿＿＿＿＿＿＿＿＿＿＿＿

A 빈칸에 알맞은 말을 넣어 표를 완성하세요.

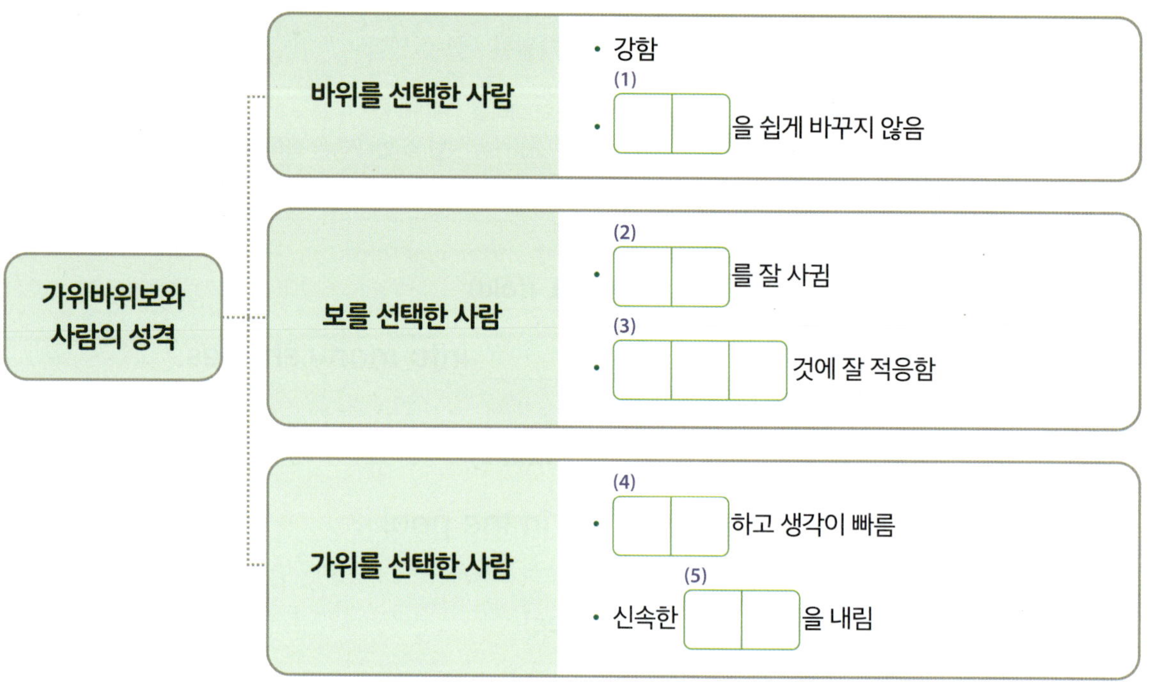

B 빈칸에 알맞은 단어를 **보기**에서 찾아 쓰세요.

┤ **보기** ├

good   change   quick   strong

Rock means you are **1** _____________ and don't **2** _____________ your mind easily. Paper means you are **3** _____________ at making friends. Scissors show you are sharp and can make **4** _____________ decisions.

가위, 바위, 보 중 하나를 선택하고, 자신의 성격과 닮은 점을 써 보세요.

Ready, Set, Plog!

Words I 단어의 우리말 의미와 철자를 쓰면서 외워 보세요.

단어	의미 쓰기	따라 말하면서 철자 세 번 쓰기
grab	동 붙잡다	
glove	명 장갑	
jog	동 조깅하다	
pick up	줍다	
trash	명 쓰레기	
sort	동 분류하다	
plan	명 계획 동 계획하다	
join	동 참가하다	
tiny	형 아주 작은	
win	동 우승하다	
around	전 주위에	
smaller	형 더 작은	
bottle	명 병	
tin can	깡통	
broken	형 깨진	

Words Ⅱ

A 단어와 우리말 의미를 연결하고, 빈칸에 단어를 쓰세요.

1	jog	우승하다	__________
2	win	장갑	__________
3	trash	줍다	__________
4	glove	쓰레기	__________
5	pick up	조깅하다	__________

B 우리말 의미에 맞게 빈칸에 알맞은 단어를 **보기**에서 찾아 쓰세요.

| 보기 |
| grab   plan   sorted   tiny |

1 I have a __________ for tonight.

나는 오늘 밤에 계획이 있다.

2 He __________ the books by topic.

그는 그 책들을 주제별로 분류했다.

3 She tried to __________ my hand.

그녀는 내 손을 붙잡으려고 했다.

4 There are __________ bugs in the garden.

정원에 아주 작은 벌레들이 있다.

Sentences

Ⓐ 우리말 의미에 맞게 괄호 안의 말을 이용해 문장을 완성하세요.

> **Up전략** 핵심 구문 익히기 | go+동사원형-ing ~하러 가다
>
> '가다'라는 의미의 동사 go는 <go+동사원형-ing> 형태로 쓰일 때 '~하러 가다'라는 의미를 나타낸다.
> 특정 활동을 하러 가는 경우에 쓰인다. go의 과거형은 went이다.

1 오늘, 우리 가족은 플로깅하러 갔다. (plog)

> Today, my family ___________ ______________.

2 우리는 이번 주말에 캠핑하러 갈 것이다. (camp)

> We will ___________ ______________ this weekend.

3 그는 내일 낚시하러 갈 계획이다. (fish)

> He plans to ___________ ______________ tomorrow.

Ⓑ 우리말 의미에 맞게 주어진 말을 바르게 배열하세요.

1 그다음에, 우리는 쓰레기를 분류했다.

(we / the trash / then, / sorted)

____

2 나는 팀을 만들 계획이다.

(to make / I / a team / plan)

____

3 우리는 아주 작은 쓰레기를 주울 것이다.

(pick up / tiny / we will / trash)

____

A 빈칸에 알맞은 말을 넣어 표를 완성하세요.

플로깅

오늘의 활동

- (1) ☐☐ 과 플로깅하러 감
  - 도시 주변을 조깅함
  - (2) ☐☐☐ 를 줍고 (3) ☐☐ 함
  - 즐거운 시간을 보냄

내년의 계획

- SpoGomi (4) ☐☐☐ 에 참가할 것임
  - 팀을 만들 것임
  - 아주 작은 쓰레기를 주워 (5) ☐☐ 점수를 얻을 것임

B 빈칸에 알맞은 단어를 **보기**에서 찾아 쓰세요.

| 보기 |

next   jogged   join   trash

Today, my family went plogging. We **1**__________ around the city, picked up trash, and sorted it. **2**__________ year, I plan to **3**__________ the SpoGomi World Cup and pick up tiny **4**__________ for more points.

내 생각 정리하기 만약 SpoGomi 월드컵에 참가한다면, 어떤 계획을 세울지 써 보세요.

Prices Up and Down

Words I

단어의 우리말 의미와 철자를 쓰면서 외워 보세요.

단어	의미 쓰기	따라 말하면서 철자 세 번 쓰기
remember	동 기억하다	
look for	찾다	
enough	형 충분한	
price	명 가격	
suddenly	부 갑자기	
expensive	형 비싼	
certain	형 어떤	
rare	형 희귀한	
common	형 흔한	
cheap	형 싼	
everyone	대 모든 사람	
store	명 가게	
find	동 찾다	
market	명 시장	
imagine	동 상상하다	

Words Ⅱ

(A) 단어와 우리말 의미를 연결하고, 빈칸에 단어를 쓰세요.

1	price	•	• 싼
2	cheap	•	• 흔한
3	look for	•	• 갑자기
4	common	•	• 가격
5	suddenly	•	• 찾다

(B) 우리말 의미에 맞게 빈칸에 알맞은 단어를 **보기**에서 찾아 쓰세요.

보기
enough   expensive   rare   remember

1 A white tiger is a(n) ___________ animal.

흰 호랑이는 희귀한 동물이다.

2 Her shoes looked very ___________.

그녀의 신발은 매우 비싸게 보였다.

3 Do you ___________ my birthday?

너는 내 생일을 기억하는가?

4 He has ___________ money for a new car.

그는 새 차를 살 충분한 돈이 있다.

Sentences

A 우리말 의미에 맞게 괄호 안의 말을 이용해 문장을 완성하세요.

> **Up전략** 핵심 구문 익히기 | **become + 형용사** ~하게 되다
>
> '~이 되다'라는 의미의 동사 become은 <become + 형용사> 형태로 쓰일 때 '**~하게 되다**', '**~해지다**'라는 의미를 나타낸다.
> 이때 형용사는 상태의 변화를 나타내므로 '~한'이 아니라 '~하게'로 해석해야 한다. become의 과거형은 became이다.

1 희귀한 것은 비싸게 될 것이다. (expensive)

   ❯ A rare thing will ________________ ________________ .

2 나는 점심 식사 후에 졸리게 되었다. (sleepy)

   ❯ I ________________ ________________ after lunch.

3 과일들은 가을에 싸질 것이다. (cheap)

   ❯ Fruits will ________________ ________________ in the fall.

B 우리말 의미에 맞게 주어진 말을 바르게 배열하세요.

1 모든 사람은 마스크를 찾고 있었다.

(was / everyone / masks / looking for)

____

2 그러나 가게들은 충분한 마스크를 가지고 있지 않았다.

(stores / enough masks / didn't have / but)

____

3 나중에, 가게들은 더 많은 마스크들을 구했다.

(more masks / got / later, / stores)

____

Organizer

A 빈칸에 알맞은 말을 넣어 표를 완성하세요.

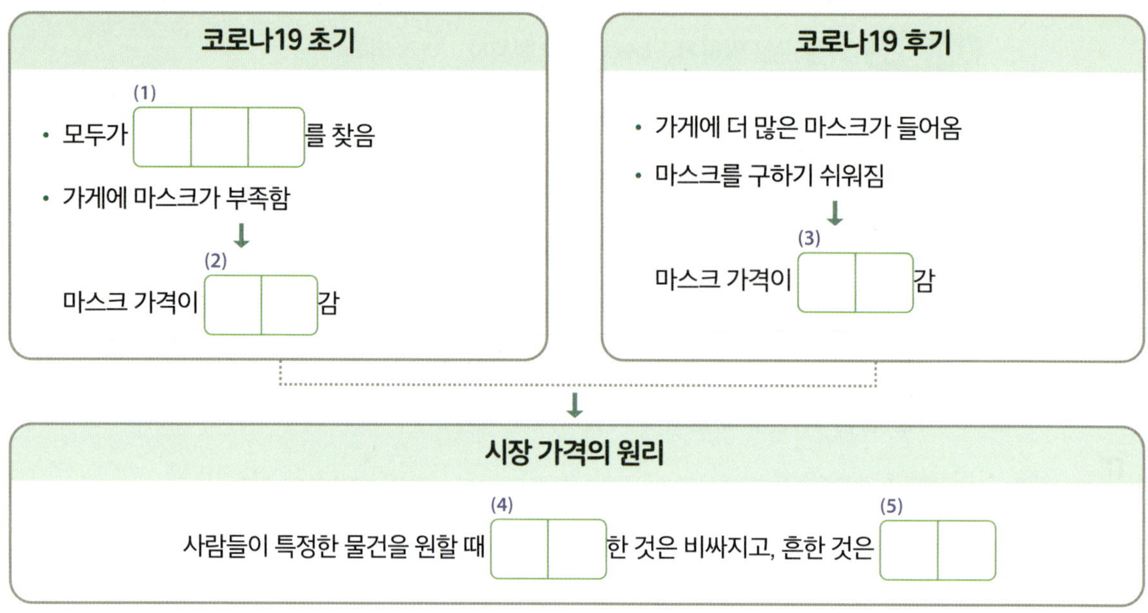

B 빈칸에 알맞은 단어를 **보기**에서 찾아 쓰세요.

보기
hard   masks   prices   start

At the **1** __________ of COVID-19, masks were **2** __________ to find and their **3** __________ rose. When we could get more **4** __________, their prices fell. These are market prices: rare things are expensive, common things are cheap.

내 생각 정리하기 마스크 이야기를 활용하여 물건의 가격이 변하는 과정을 설명해 보세요.

Messy or Tidy?

Words I 단어의 우리말 의미와 철자를 쓰면서 외워 보세요.

단어	의미 쓰기	따라 말하면서 철자 세 번 쓰기
curious	형 궁금한	
famous	형 유명한	
scientist	명 과학자	
messy	형 지저분한	
creatively	부 창의적으로	
tidy	형 잘 정돈된	
former	형 이전의	
president	명 대통령	
focus	동 집중하다	
own	형 자신의	
or	접 아니면	
think	동 생각하다	
clean	형 깨끗한	
style	명 방식	
dirty	형 더러운	

A 단어와 우리말 의미를 연결하고, 빈칸에 단어를 쓰세요.

1	tidy		궁금한	› ___________
2	former		대통령	› ___________
3	curious		이전의	› ___________
4	president		잘 정돈된	› ___________
5	creatively		창의적으로	› ___________

B 우리말 의미에 맞게 빈칸에 알맞은 단어를 **보기**에서 찾아 쓰세요.

┤ 보기 ├

famous　　　focus　　　messy　　　own

1 Music helps me ___________.

음악은 내가 집중하도록 돕는다.

2 She has her ___________ bike.

그녀는 자기 자신의 자전거가 있다.

3 They cleaned up the ___________ kitchen.

그들은 지저분한 주방을 치웠다.

4 I want to be a(n) ___________ actor.

나는 유명한 배우가 되고 싶다.

Sentences

A 우리말 의미에 맞게 괄호 안의 말을 이용해 문장을 완성하세요.

> **Up전략** 핵심 구문 익히기 | **help + 사람 + 동사원형** ~가 …하는 것을 돕다
>
> '돕다'라는 의미의 동사 help는 <help + 사람(목적어) + 동사원형> 형태로 쓰일 때 '**~가 …하는 것을 돕다**'라는 의미를 나타낸다. help 뒤에 동사원형 대신 to부정사가 올 수도 있다.

1 그의 깨끗한 책상은 그가 집중하는 것을 도왔다. (him, focus)

> His clean desk __________ __________ __________.

2 나는 엄마가 저녁 식사를 준비하는 것을 돕는다. (my mom, cook)

> I __________ __________ __________ __________ dinner.

3 우리는 선생님이 책을 나르는 것을 돕는다. (our teacher, carry)

> We __________ __________ __________ __________ books.

B 우리말 의미에 맞게 주어진 말을 바르게 배열하세요.

1 이것은 그가 창의적으로 생각하는 것을 도왔다.

(helped / this / think creatively / him)

____

2 그는 좋은 결정을 할 수 있었다.

(could / he / good decisions / make)

____

3 모든 사람은 그들 자신의 방식을 가지고 있다.

(own style / everyone / their / has)

____

Organizer

Ⓐ 빈칸에 알맞은 말을 넣어 표를 완성하세요.

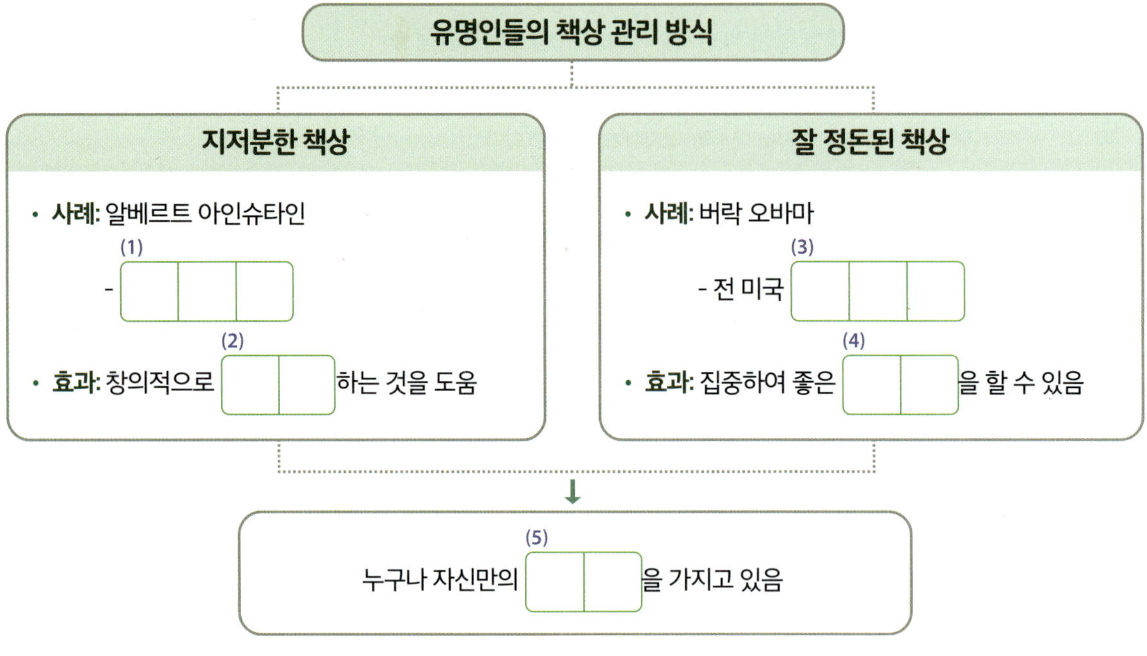

Ⓑ 빈칸에 알맞은 단어를 **보기**에서 찾아 쓰세요.

보기
decisions　　think　　messy　　own

Albert Einstein's **1** __________ desk helped him **2** __________ creatively, while Barack Obama's tidy desk helped him focus and make good **3** __________. Everyone has their **4** __________ style.

내 생각 정리하기　둘 중 마음에 드는 책상 관리 방식을 선택하고, 그 이유를 써 보세요.

달콤한 Reading
LITERACY

1 LEVEL

직독직해
Worksheet

A Ketchup Rule

 **Up전략**
직독직해하기

- 각 문장의 주어에는 밑줄을, 동사에는 동그라미를 치세요.
- 끊어 읽기 표시를 참고하여 우리말 의미를 쓰세요.

1 Do you like / ketchup?

____

2 Then / don't move / to France!

____

3 They have / a special ketchup rule.

____

4 Elementary students can't have / ketchup / at lunch!

____

5 French people are / proud / of their food.

____

6 They want / their kids / to enjoy / traditional flavors.

____

7 But / ketchup covers up / these flavors.

____

8 So / kids can't have / ketchup / at lunchtime.

____

9 Schools still allow / ketchup / once a week!

____

10 Students can only have / ketchup / with their fries.

____

Meet a LEGO Master Builder

Up 전략
직독직해하기

- 각 문장의 주어에는 밑줄을, 동사에는 동그라미를 치세요.
- 끊어 읽기 표시를 참고하여 우리말 의미를 쓰세요.

 **1**   Today, / I'm / here / at LEGOLAND.

 **2**   I'm talking / to a LEGO master builder.

 **3**   What / do master builders do?

 **4**   We make / big LEGO models.

 **5**   And / we design / new LEGO sets.

6 We also build / exciting things / for LEGOLAND.

____

7 How / can kids become / master builders?

____

8 Keep / building / and / be / creative.

____

9 Also, / try / to build / without instructions.

____

10 A hobby can become / a job!

____

UNIT 3

Spill the Beans!

- 각 문장의 주어에는 밑줄을, 동사에는 동그라미를 치세요.
- 끊어 읽기 표시를 참고하여 우리말 의미를 쓰세요.

1 Long ago, / the ancient Greeks voted.

____

2 They had / a special way.

____

3 People used / beans / to vote.

____

4 People put / beans / into a jar.

____

5 White beans meant / yes. Black beans meant / no.

____

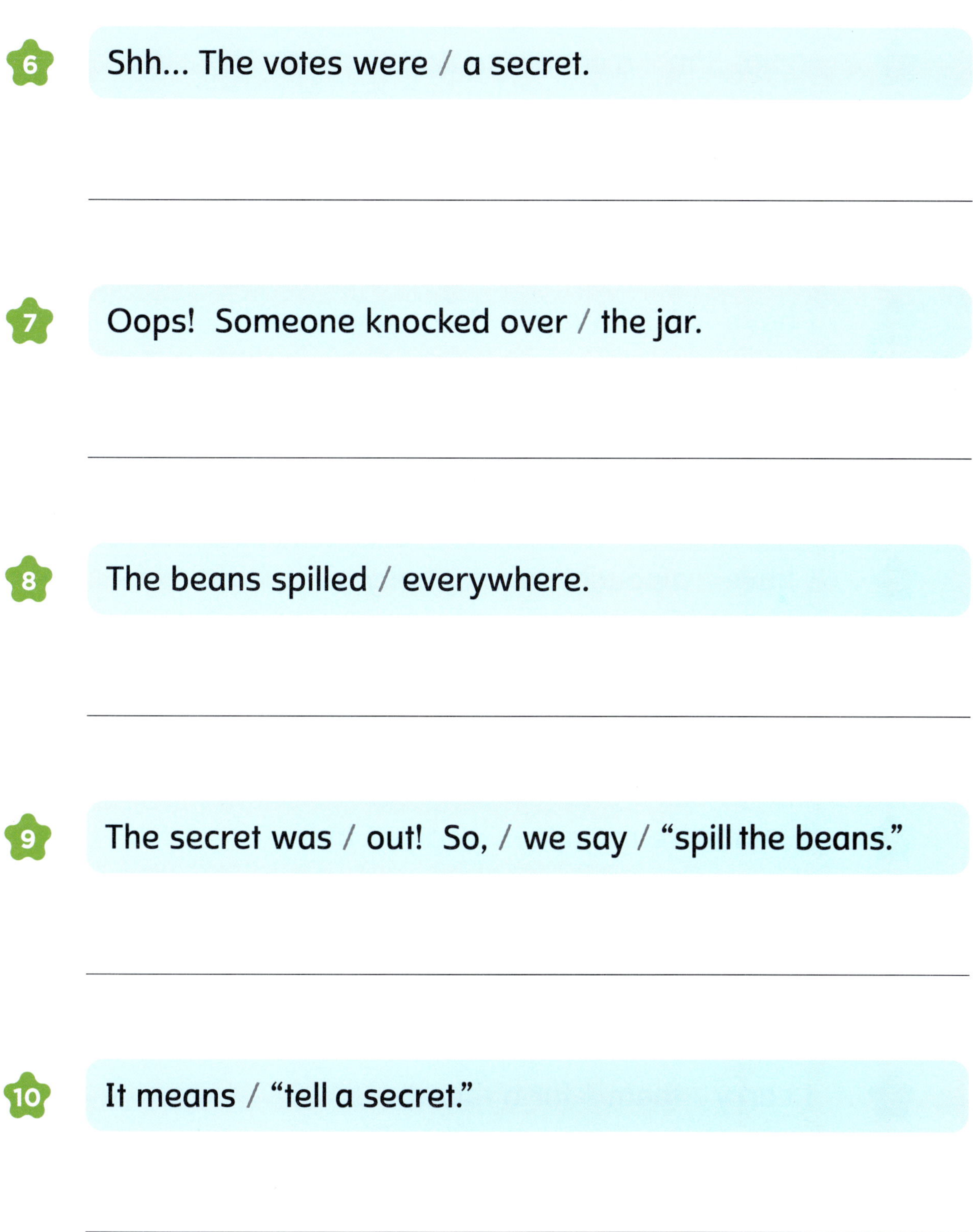

6   Shh... The votes were / a secret.

7   Oops! Someone knocked over / the jar.

8   The beans spilled / everywhere.

9   The secret was / out! So, / we say / "spill the beans."

10 It means / "tell a secret."

UNIT 4

I'm a Special Dad

- 각 문장의 주어에는 밑줄을, 동사에는 동그라미를 치세요.
- 끊어 읽기 표시를 참고하여 우리말 의미를 쓰세요.

 Hello! I'm / a seahorse dad.

____

 I have / a unique job. I can give birth!

____

 I have / a pouch / on my belly.

____

 A seahorse mom lays / eggs / there.

____

 I carry / them / for a month.

____

6 Then / they hatch / inside me.

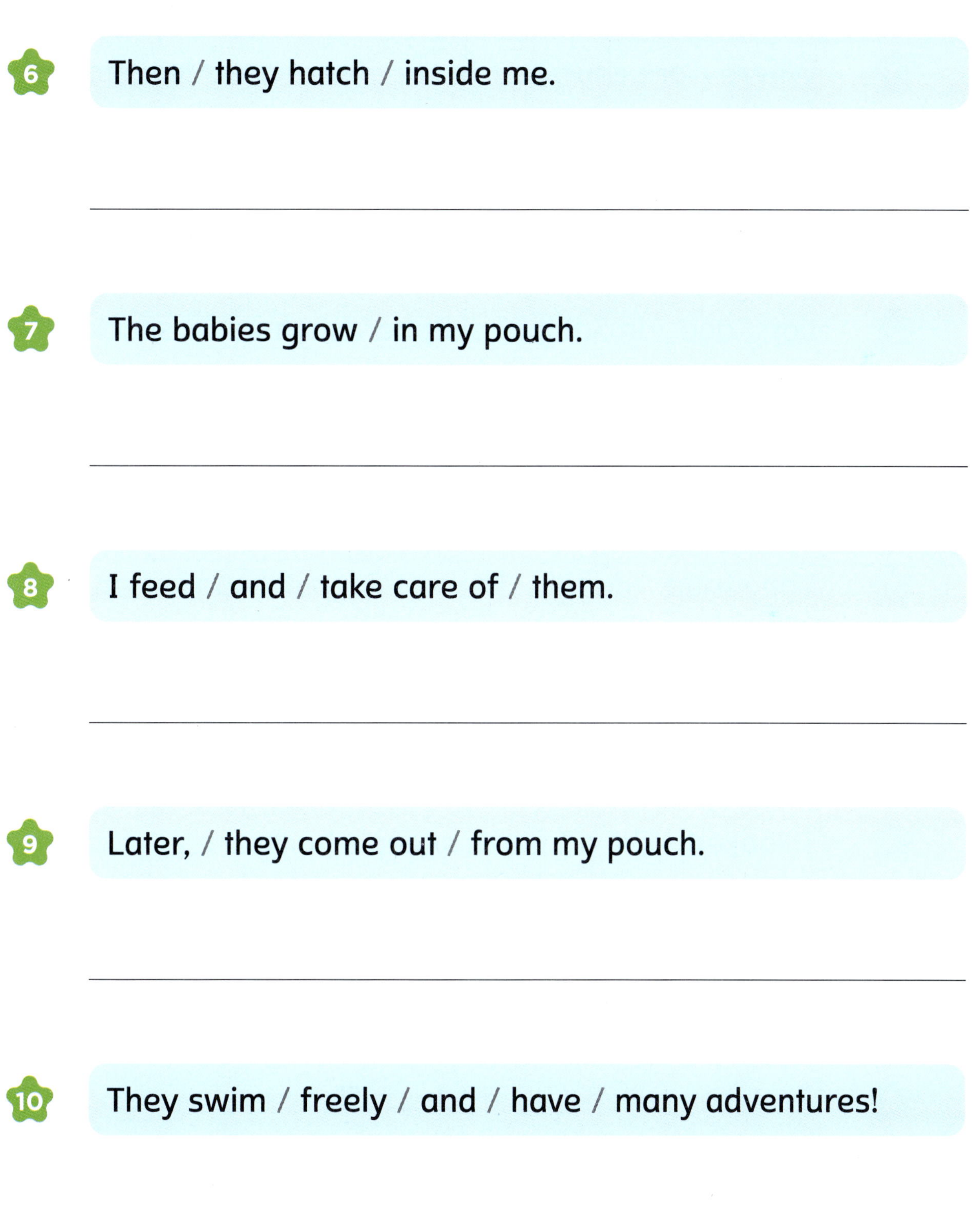

7 The babies grow / in my pouch.

8 I feed / and / take care of / them.

9 Later, / they come out / from my pouch.

10 They swim / freely / and / have / many adventures!

A Churro Mystery

 **Up 전략**
직독직해하기

● 각 문장의 주어에는 밑줄을, 동사에는 동그라미를 치세요.
● 끊어 읽기 표시를 참고하여 우리말 의미를 쓰세요.

1 Where / are churros / from? There are / two stories!

2 Long ago / in Spain, / shepherds wanted / snacks.

3 They fried / dough. Then / they put / sugar / on it.

4 It looked / like a Churra sheep's horns.

5 So / they called / it / a "churro"!

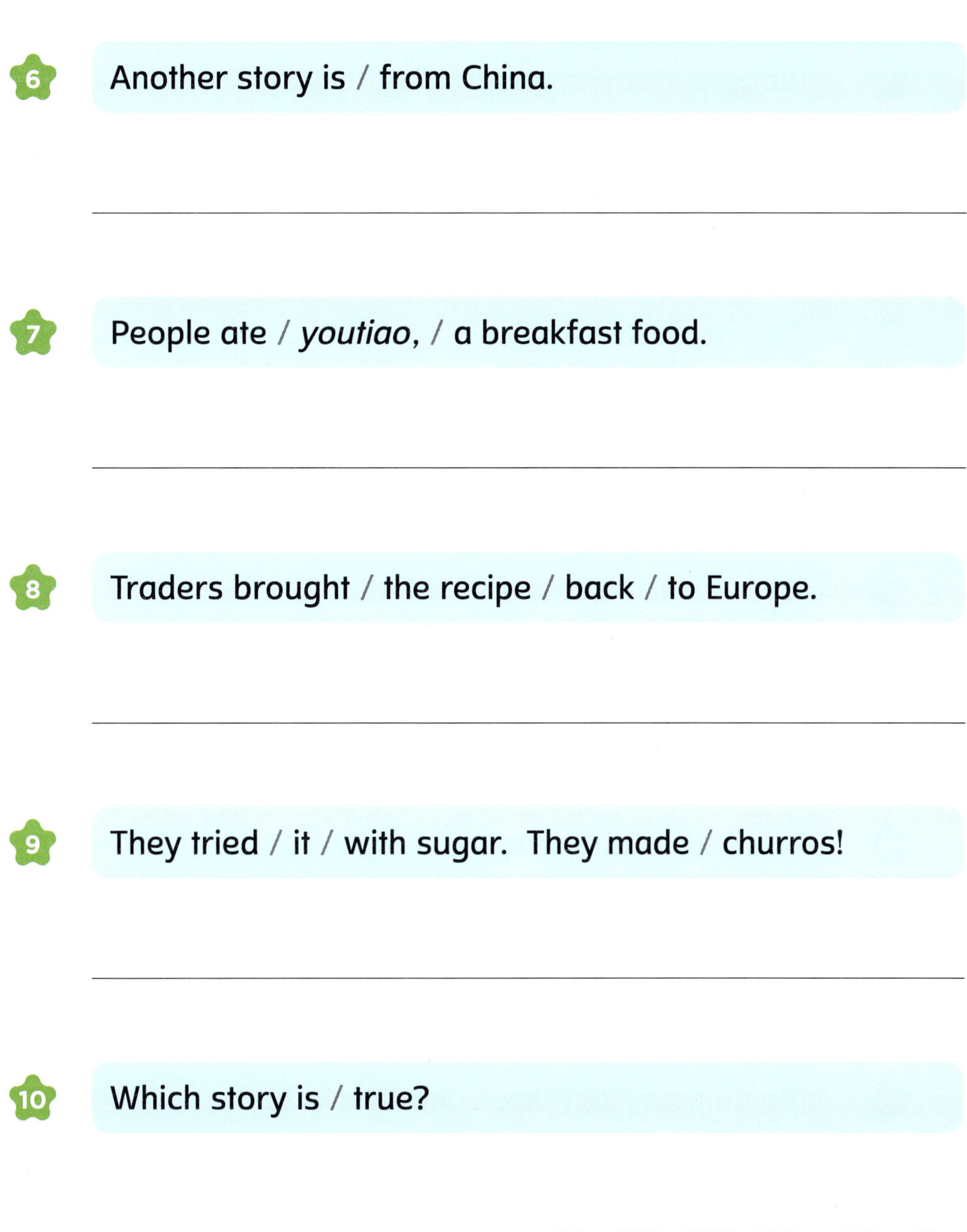

6 Another story is / from China.

7 People ate / *youtiao*, / a breakfast food.

8 Traders brought / the recipe / back / to Europe.

9 They tried / it / with sugar. They made / churros!

10 Which story is / true?

No Homework Day

● 각 문장의 주어에는 밑줄을, 동사에는 동그라미를 치세요.
● 끊어 읽기 표시를 참고하여 우리말 의미를 쓰세요.

1 Today is / No Homework Day!

____

2 It's / my favorite day.

____

3 No one had / homework / today.

____

4 This always happens / on May 6 / in the U.S.

____

5 It's / a time / to relax / and / have fun.

____

6 After school, / I did / lots of fun things.

7 First, / I played / outside / with my friends.

8 Then / I took / a short nap.

9 Finally, / I watched / a movie. Today was / fantastic.

10 We should have / more days / like this.

UNIT 7

Astronaut Food

직독직해하기

● 각 문장의 주어에는 밑줄을, 동사에는 동그라미를 치세요.
● 끊어 읽기 표시를 참고하여 우리말 의미를 쓰세요.

1 It's / lunchtime / in space!

____

2 What / do the astronauts eat?

____

3 In the past, / they ate / from tubes.

____

4 Food was / like toothpaste! It wasn't / tasty.

____

5 Now, / astronaut food is / much better.

____

6 Astronauts have / delicious dried food. Just add / water!

7 They can make / spaghetti / or / scrambled eggs.

8 These days, / astronauts can have / almost anything.

9 They can even have / pizza / and / hamburgers!

10 They can also grow / fruits / and / vegetables.

Baby Tooth Traditions

Up전략

직독직해하기

● 각 문장의 주어에는 밑줄을, 동사에는 동그라미를 치세요.
● 끊어 읽기 표시를 참고하여 우리말 의미를 쓰세요.

 Loose baby teeth excite / kids / everywhere!

____

 Let's look at / the U.S. / and / Europe.

____

 Kids put / their teeth / under their pillows.

____

 At night, / the Tooth Fairy visits.

____

 She takes / them / and / leaves / gifts.

____

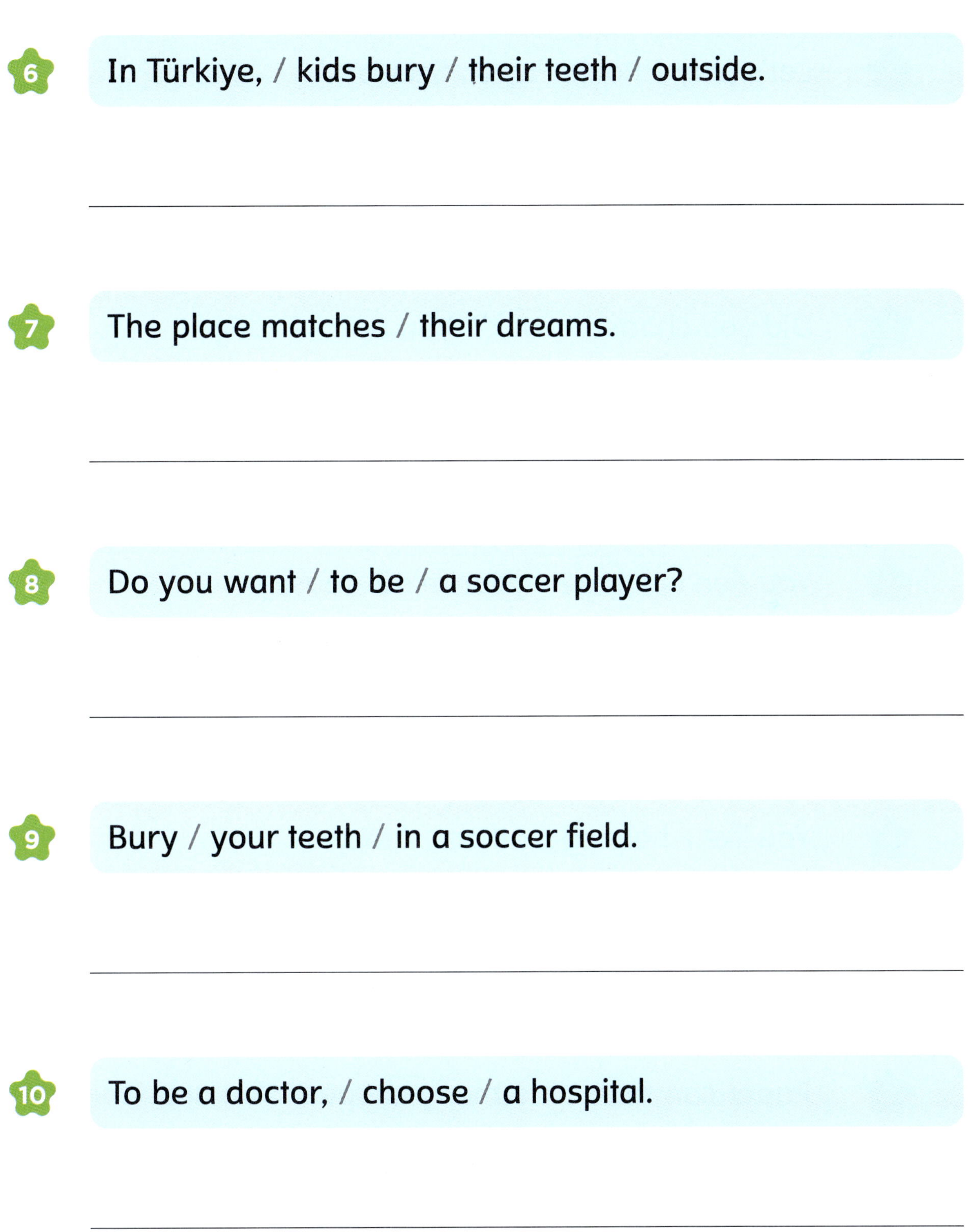

6 In Türkiye, / kids bury / their teeth / outside.

7 The place matches / their dreams.

8 Do you want / to be / a soccer player?

9 Bury / your teeth / in a soccer field.

10 To be a doctor, / choose / a hospital.

Rock, Paper, Scissors!

● 각 문장의 주어에는 밑줄을, 동사에는 동그라미를 치세요.
● 끊어 읽기 표시를 참고하여 우리말 의미를 쓰세요.

1 Let's play / Rock, Paper, Scissors!

2 Did you choose / rock? You are / strong.

3 You don't change / your mind / easily.

4 You like / helping / others, / too.

5 Paper can fold / into many shapes. You are / the same.

6 You're / good / at making / friends.

____

7 New things do not bother / you.

____

8 You are / sharp / and / a fast thinker.

____

9 You can make / quick decisions.

____

10 Your choice tells / something / about you.

____

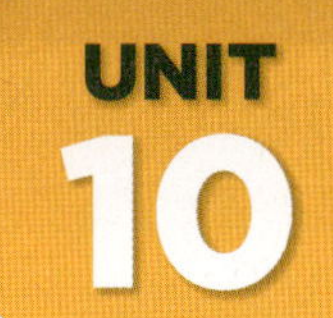

Ready, Set, Plog!

Up전략
직독직해하기

● 각 문장의 주어에는 밑줄을, 동사에는 동그라미를 치세요.
● 끊어 읽기 표시를 참고하여 우리말 의미를 쓰세요.

 Grab / your bags / and / gloves.

____

 Today, / my family went / plogging.

____

 We jogged / around the city.

____

 And / we picked up / trash.

____

 Then, / we sorted / the trash.

____

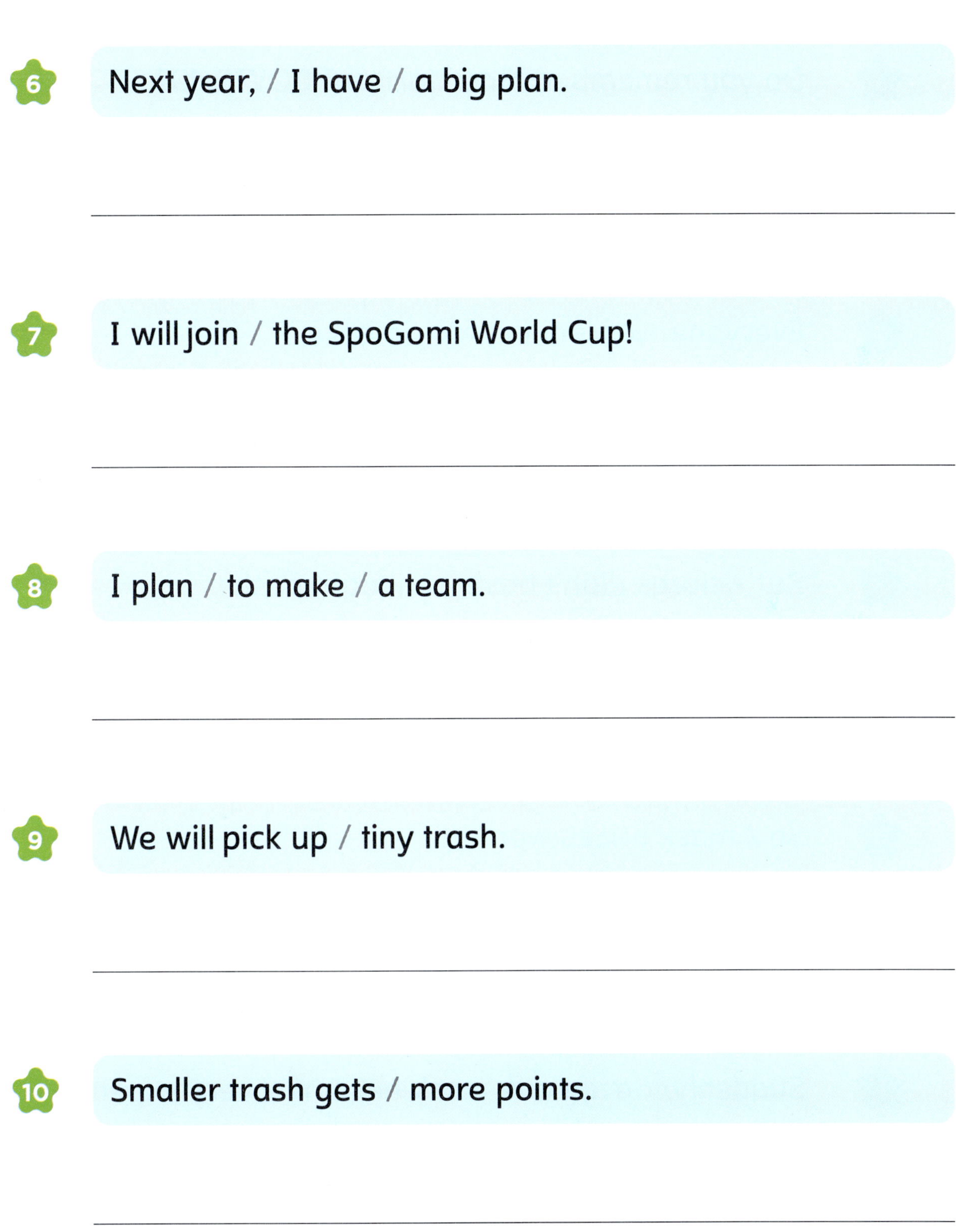

6   Next year, / I have / a big plan.

7   I will join / the SpoGomi World Cup!

8   I plan / to make / a team.

9   We will pick up / tiny trash.

10   Smaller trash gets / more points.

Prices Up and Down

직독직해하기

- 각 문장의 주어에는 밑줄을, 동사에는 동그라미를 치세요.
- 끊어 읽기 표시를 참고하여 우리말 의미를 쓰세요.

1 Do you remember / the start / of COVID-19?

____

2 Everyone was looking for / masks.

____

3 But / stores didn't have / enough masks.

____

4 So / mask prices went up.

____

5 Suddenly, / even one mask became / very expensive.

____

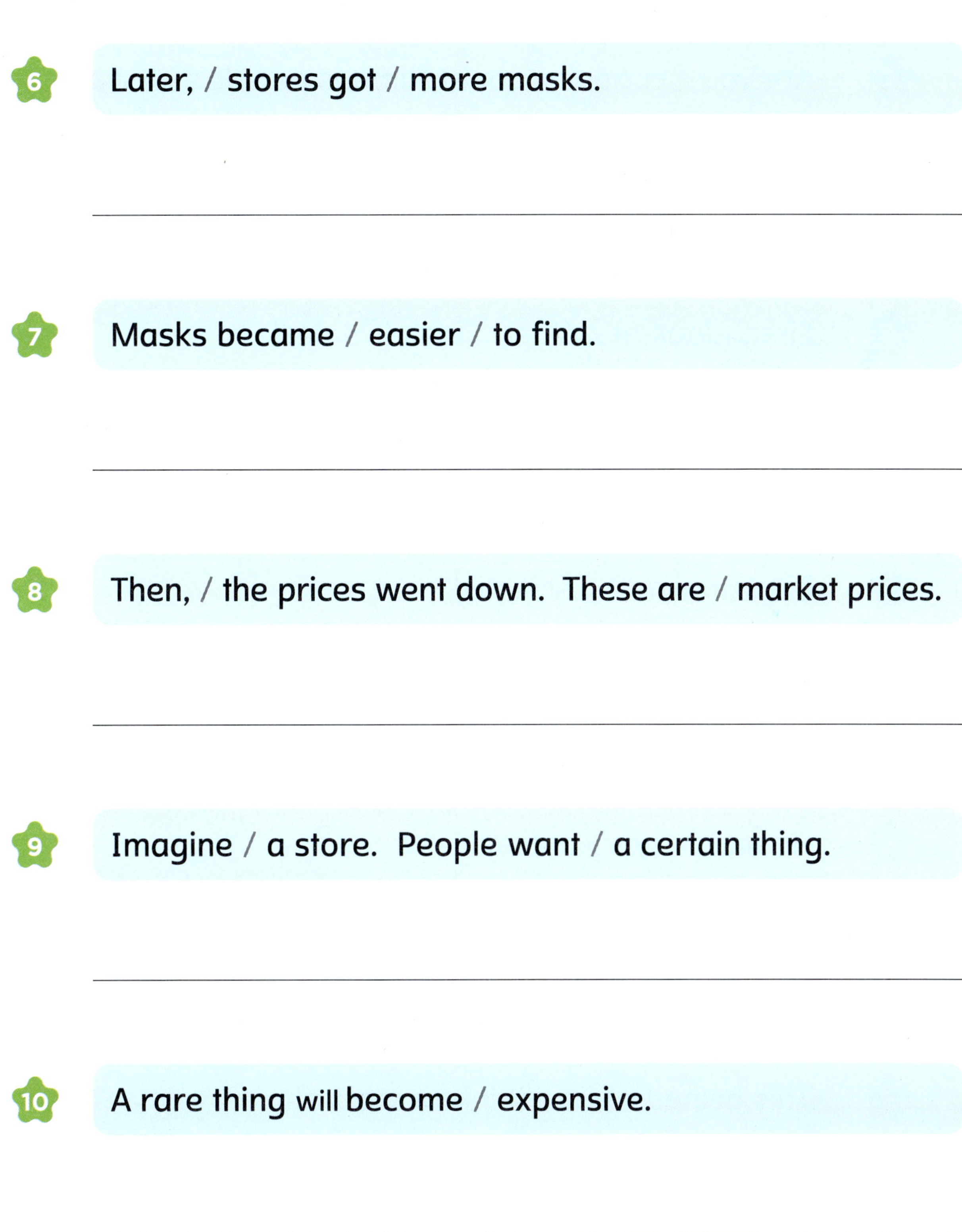

6   Later, / stores got / more masks.

7   Masks became / easier / to find.

8   Then, / the prices went down. These are / market prices.

9   Imagine / a store. People want / a certain thing.

10   A rare thing will become / expensive.

Messy or Tidy?

직독직해하기

- 각 문장의 주어에는 밑줄을, 동사에는 동그라미를 치세요.
- 끊어 읽기 표시를 참고하여 우리말 의미를 쓰세요.

 **1** Are you / curious / about famous people's desks?

 **2** First, / look at / Albert Einstein's desk.

 **3** Einstein was / a scientist.

 **4** He had / a very messy desk.

 **5** This helped / him / think / creatively.

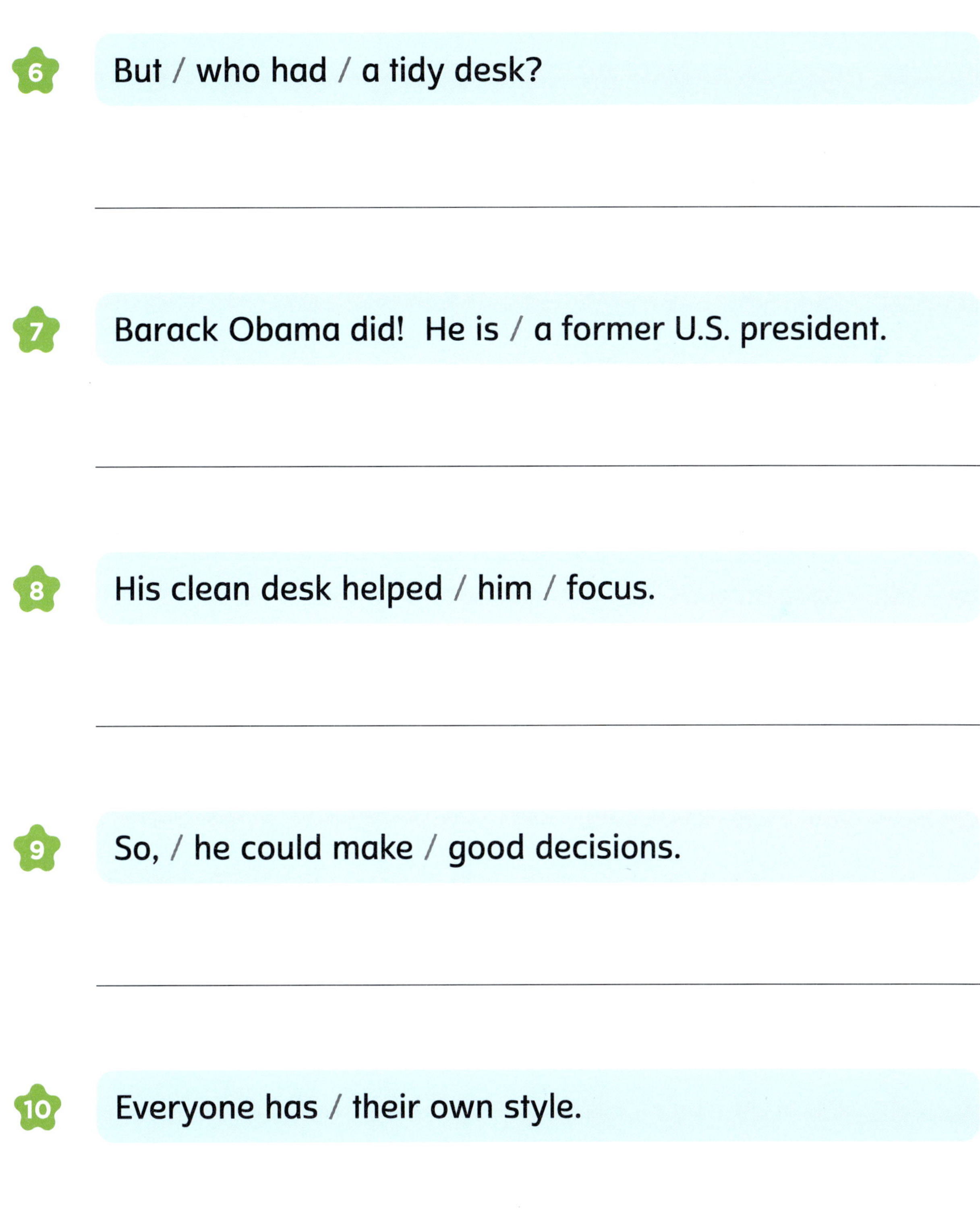

6 But / who had / a tidy desk?

7 Barack Obama did! He is / a former U.S. president.

8 His clean desk helped / him / focus.

9 So, / he could make / good decisions.

10 Everyone has / their own style.

NE능률 영어교육연구소

NE능률 영어교육연구소는 전문성과 탁월성을 기반으로
영어 교육 트렌드를 선도합니다.

이 보 영 선임연구원　　**김 현 숙** 선임연구원
손 아 영 연구원　　　　**이 지 연** 연구원

펴 낸 날	2025년 1월 5일 (초판 1쇄)
펴 낸 이	주민홍
펴 낸 곳	(주)NE능률
지 은 이	NE능률 영어교육연구소
개 발 책 임	김지현
개　　발	이보영, 김현숙, 손아영, 이지연
영 문 교 열	Curtis Thompson, Alison Li, Courtenay Parker
디자인책임	오영숙
디 자 인	안훈정, 조가영
제 작 책 임	한성일
등 록 번 호	제1-68호
I S B N	979-11-253-4827-6

대 표 전 화	02 2014 7114
홈 페 이 지	www.neungyule.com
주　　　소	서울시 마포구 월드컵북로 396(상암동) 누리꿈스퀘어 비즈니스타워 10층